Alexander Thiele

Geisterfahrer Tsipras oder: Ist der Euro noch zu retten?

Wege zu einer stabilen Währungsunion nach der Wahl in Griechenland

Alexander Thiele wurde 1979 in Uelzen geboren. Nach dem Studium der Rechtswissenschaften wurde er im Jahr 2006 mit einer europarechtlichen Arbeit promoviert. Nach dem Referendariat in Hamburg und Brüssel habilitierte er sich im Jahr 2013 an der Universität Göttingen. Im Sommersemester 2015 vertritt er einen Lehrstuhl an der Universität Bochum. Seine Forschungsschwerpunkte liegen im Bereich des Staats-, Europa- und Finanzrechts. Er ist durch zahlreiche Veröffentlichungen auf diesen Gebieten ausgewiesen.

ISBN 978-1508821571

Priv.-Doz. Dr. Alexander Thiele
Kurze-Geismar-Str. 9
37073 Göttingen

1. Auflage 2015

Das Werk einschließlich seiner Teile ist urheberrechtlich geschützt. Jede Verwertung außerhalb der engen Grenzen des Urheberrechtsgesetzes ist ohne Zustimmung des Autors unzulässig und strafbar.

Printed in Germany by Amazon Distribution GmbH, Leipzig

Vorwort

Die Eurokrise ist im Januar 2015 mit voller Wucht zurückgekehrt. Kaum ein Tag vergeht, an dem in den Medien nicht darüber diskutiert wird, ob und wie man Griechenland in den kommenden Monaten (finanziell) unterstützt.
Dieses kleine Büchlein versteht sich insoweit als aktueller Debattenbeitrag. Anders als in anderen Krisenbüchern werden in diesem Zusammenhang allerdings auch die rechtlichen Fragen etwas ausführlicher behandelt. Als Rechtswissenschaftler ist es mir besonders wichtig, einer breiteren Öffentlichkeit einmal darzustellen, wie es sich mit dem rechtlichen Rahmen der Europäischen Währungsunion eigentlich verhält. Anders als suggeriert, ist das Recht nämlich keineswegs so offenkundig und umfassend missachtet worden. Die Eurokrise ist im Schwerpunkt also keineswegs eine Krise des Rechts, sondern eine ökonomische und politische Krise.
Analysiert wird daneben aber auch, was aus meiner Perspektive im Zusammenhang mit der Eurorettung bisher schiefgelaufen ist und wie man diese Fehler zukünftig vermeiden kann. Denn so wie bisher kann es meines Erachtens jedenfalls nicht weitergehen.

Zu danken habe ich vor allem Herrn Jan Mertens für überaus wertvolle Hilfe nicht nur bei der Formatierung der Druckvorlage, sondern auch für anregende Diskussionen über meine Thesen.

Gewidmet ist das Buch meinen Eltern, meiner Schwester Louise, meiner Helen und meiner Patentochter Leah.

Göttingen, im März 2015   Alexander Thiele

Inhaltsübersicht

1. Die griechisch-europäische Tragödie 007

2. Krise mit Ansage: Hintergründe der Eurokrise 014

3. Was bisher geschah: Die Rettungsmaßnahmen 028

4. Einige Worte zum Recht 046

5. Griechenland im Jahr 2015 074

6. Alternative 1: GREXIT? Südeuro? 094

7. Alternative 2: Anpassung der Austeritätspolitik! 108

8. Die Zukunft: Langfristig erforderliche Schritte 136

9. Ausblick: Europa im Herzen? 144

1. Die griechisch-europäische Tragödie: Geisterfahrer Tsipras?

Bereits fünf Tage nach der Wahl in Griechenland im Januar 2015 sorgte die neue griechische Regierung unter *Alexis Tsipras* für einen donnernden Eklat: Sie warf die sogenannte Troika (also den Zusammenschluss aus Vertretern der EZB, der Europäischen Kommission und des Internationalen Währungsfonds, der die ordnungsgemäße Durchführung der den anderen Eurostaaten versprochenen wirtschaftlichen Sparmaßnahmen überwachen sollte) aus dem Land und kündigte damit das aktuelle Hilfsprogramm, das eigentlich erst Ende Februar 2015 ausgelaufen wäre. Als „dirty-exit" wurde dieser Schritt schnell bezeichnet und die neue Regierung nahm dadurch sogar in Kauf, auf die letzte bereits vereinbarte finanzielle Hilfstranche (vorerst) verzichten zu müssen: Lieber keine Hilfe, als solche Hilfe.

Das alles passierte allerdings keineswegs zum ersten Mal: Schon gut einhundert Jahre zuvor hatte das damals ebenfalls insolvente Griechenland ganz ähnliche Kontrollen und Reformauflagen als Mitglied der Lateinischen Münzunion über sich ergehen lassen müssen.[1] Ein Ausschluss aus dieser ersten europäischen Währungsunion konnten diese schon damals überaus unbeliebten Kontrollen aber letztlich nicht verhindern: Im Jahr 1908 musste Griechenland schließlich gehen. Wenig überraschend also, dass auch die Troika des 21. Jahrhunderts nicht mit offenen Armen in Griechenland empfangen wurde. Alle bisherigen Regierungen hatten die Arbeit dieser vermeintlichen Technokraten jedoch mehr oder weniger zähneknirschend akzeptiert. Aber einen regelrechten Rauswurf dieser Troika – noch dazu im Beisein des Chefs der Eurogruppe *Jeroen*

---

[1] Die Lateinische Münzunion wurde 1865 zwischen Frankreich, Belgien, der Schweiz und Italien gegründet. Griechenland trat wenige Jahre später bei. Nachdem Griechenland die Münzunion 1908 verlassen hatte, bestand diese zunächst weiter, wurde dann aber 1926 endgültig aufgelöst.

Dijsselbloem – und auch noch so wenige Tage nach der Wahl, bevor offizielle Gespräche überhaupt begonnen hatten, hatte offenkundig niemand für möglich gehalten. Die anderen Eurostaaten und die Kommission reagierten denn auch alles andere als erfreut über diesen Schritt – und machten zum Teil keinen Hehl aus ihrer (bisweilen vielleicht etwas gespielten) Empörung. Wie kann Griechenland nur glauben, sich nun plötzlich nicht mehr an die getroffenen Vereinbarungen halten zu müssen? „Pacta sunt servanda", Verträge sind verbindlich, stellte auch der deutsche Finanzminister *Wolfgang Schäuble* umgehend klar. Aber war dieser Schritt wirklich so überraschend? Ist *Alexis Tsipras* also tatsächlich der lebensmüde Geisterfahrer, als den ihn der SPIEGEL sogleich betitelte?

Wohl kaum. Mit ein wenig mehr Einfühlungsvermögen hätte man Entsprechendes durchaus ahnen können. Dass *Alexis Tsipras* die bisherige europäische Rettungspolitik, die sich im Kern in einer oktroyierten Sparpolitik erschöpfte, ablehnte, war nun wahrlich kein Geheimnis. Die kämpferische Art in der er diese Ablehnung öffentlich zur Schau trug war ja gerade der Grund seines Wahlsiegs gewesen und sorgte schon im Vorfeld für einige schlaflose Nächte auf Seiten der Europartner – nicht zuletzt Deutschlands. Die Tatsache, dass ausgerechnet wenige Tage vor dieser historischen griechischen Wahl publik wurde, dass ein Austritt Griechenlands aus der Eurozone für die deutsche Bundesregierung „ihren Schrecken" verloren hatte, wird man jedenfalls nur schwer als Zufall bezeichnen können. Und vor allem: Kaum etwas anderes als die ominöse Troika stand symbolisch für die aus der Perspektive Griechenlands geradezu demütigende Politik, bei der sie sich von ausländischen Technokraten bei jedem Schritt wie ein Schuljunge auf die Finger schauen lassen musste. Sogar Finanzminister *Wolfgang Schäuble* räumte insoweit wenige Tage nach der Wahl ein, dass die Troika in Griechenland bei manchen wohl „negativ besetzt" sei – eine Formulierung, die in Athen sicher lautes Gelächter hervorgerufen hätte. Wenig anderes als der medienwirksame Rauswurf dieser „Überwacher" hätte also die Ernsthaftigkeit, mit der die neue griechische Regierung für eine Änderung der Austeritätspolitik einzutreten gewillt war, für alle Welt, vor allem aber für die anderen Staaten der Eurozone sichtbarer machen können. *Tsipras* erkannte dies, nahm mit seiner Entscheidung zunächst einmal das Heft des Handelns wieder in die Hand und artikulierte vornehmlich für die eigene Bevölkerung deutlich, dass Griechenland ab sofort nicht (mehr) alles mit sich machen lassen wird.

Dass dies natürlich eine scharfe Provokation der Europartner darstellen würde, war ihm dabei ebenso bewusst, wie die Tatsache, dass die Troika unter vorgehaltener Hand mittlerweile auch in Brüssel nicht mehr den allerbesten Ruf genießt. Ihre demokratische Legitimation ist – gelinde gesagt – dürftig, parlamentarische Kontrolle findet nicht statt, sie ist in keinem der Unionsverträge in dieser Form als Kontrollorgan vorgesehen[2] und die Beteiligung der EZB ist nach Ansicht des Generalanwalts am EuGH sogar rechtlich fragwürdig, wenn die EZB im Rahmen ihres OMT-Programms[3] zukünftig tatsächlich griechische Staatsanleihen in größerem Umfang kaufen sollte. Und auch die strikten Sparauflagen, deren Umsetzung die Troika penibel überwacht, sind innerhalb der Eurostaaten vor dem Hintergrund der Erfahrungen gerade mit Griechenland keineswegs mehr unumstritten. Nicht Staaten wie Frankreich, aber auch Spanien und Italien und mittlerweile sogar der IWF selbst sind da jedenfalls ganz anderer Auffassung als insbesondere

---

[2] Im ESM-Vertrag heißt es in Art. 13 Abs. 7 lediglich, dass die Europäische Kommission im Benehmen mit der EZB und nach Möglichkeit zusammen mit dem IWF damit betraut wird, die Einhaltung der mit der Finanzhilfefazilität verbundenen wirtschaftspolitischen Auflagen zu überwachen. Gemeinsame Überwachungsteams aller drei Institutionen sind also keineswegs zwingend.

[3] Beim OMT-Programm handelte es sich um die Ankündigung der EZB, unter bestimmten Voraussetzungen Anleihen bestimmter Krisenstaaten zu erwerben, um auf diesem Wege Schwierigkeiten bei der Transmission ihrer geldpolitischen Impulse zu beseitigen. Bis zum heutigen Tage hat die EZB keine entsprechenden An-leihekäufe getätigt. Ausführlich dazu *A. Thiele*, Das Mandat der EZB und die Krise des Euro, S. 57 ff.

die deutsche Bundesregierung. Insofern mag *Tsipras* mit diesem Schritt zwar hoch gepokert haben – er war aber angesichts dieser „Brüsseler Bauchschmerzen" hinsichtlich der Troika keineswegs völlig unüberlegt und aussichtslos (also in Manier eines Geisterfahrers). Tatsächlich dürfte sein Handeln seine Wirkung denn auch nicht verfehlt haben. Immerhin: Seit dem 13.2.2015 heißt die Troika zumindest offiziell nicht mehr Troika (auch wenn das zunächst in der Sache nichts ändern sollte).

Aber viel wichtiger: Alle Seiten – nicht zuletzt der Kommissionspräsident *Jean-Claude Juncker* – betonten schnell, dass Verhandlungen angesichts des im Februar auslaufenden Hilfsprogramms ja ohnehin notwendig seien – mit oder ohne Troika. Sogar der deutsche Finanzminister kündigte an, dass er sich über den Besuch seines griechischen Kollegen *Yanis Varoufakis* freuen würde. Und ein solcher sollte dann auch bald erfolgen – allerdings erst nachdem *Varoufakis* einige andere Länder und sogar die EZB bereist hatte. Auch das war sicherlich vor allem ein Signal an die eigene Bevölkerung: Deutschland ist aus griechischer Sicht eben nur einer von insgesamt 28 gleichberechtigten Verhandlungs*partnern* und keineswegs der natürliche Verhandlungs*führer*. *Angela Merkel* sollte *Alexis Tsipras* daher sogar erst beim Treffen der Staats- und Regierungschefs am 12. Februar 2015 offiziell kennenlernen. Angesichts dieser mehr als deutlichen Signale aus Griechenland war damit aber schnell auch dem Letzten klar, dass es so wie bisher nicht mehr weitergehen kann. Zwar hat man sich am 20.2.2015 (nach zähem Ringen) auf eine Streckung des an sich Ende Februar auslaufenden Programms um weitere vier Monate verständigt.

Jetzt gehen die Verhandlungen aber erst richtig los und sie werden nicht auf eine einfache Verlängerung der bisherigen Programme einschließlich sämtlicher Sparauflagen hinauslaufen können. Darauf wird sich Griechenland zumindest unter *Tsipras* niemals einlassen (und wie ich im Folgenden ausführen werde, mit gutem Grund), auch wenn seine Verhandlungsposition auf den ersten Blick eher schwach erscheinen mag.

Indes: Griechenland, so muss man es wohl leider sagen, hat

mittlerweile eben nur noch wenig zu verlieren. Ökonomisch zeigen sich zwar erste zarte Wachstumspflänzchen – zeitweise liegt die Wachstumsrate über dem für die Staatsschulden zu leistenden durchschnittlichen Zinsniveau – und im Haushalt zeigt sich erstmals seit Jahren sogar ein Primärüberschuss. Rechnet man die erforderlichen Zinszahlungen aus dem Haushalt heraus, nimmt Griechenland aktuell also erstmals seit Jahren mehr ein, als es ausgibt – auch wenn sich dies unmittelbar nach der Wahl zunächst wieder ändern sollte.[4] Erkauft wurde sich das alles aber zu einem sozialen Preis, der nicht länger zumutbar erscheint – jedenfalls aus der Perspektive der griechischen Bevölkerung. Zumindest gefühlt kann es für diese also kaum noch schlimmer kommen, selbst wenn dies in der Theorie anders sein mag. Und in der Tat: Die soziale Situation ist angesichts einer Jugendarbeitslosigkeit von beinahe 50%, drastisch gesunkener Renten und Löhne mit „bedenklich" noch allzu euphemistisch beschrieben. Weitere Sparmaßnahmen und „Reformen" dürften insofern zumindest in ihren unmittelbaren Konsequenzen nicht wesentlich schlimmer ausfallen, als der endgültige Austritt bzw. der Rauswurf aus der Eurozone, sprich die endgültige Einstellung von Hilfszahlungen aus dem Euroraum – so zumindest die Vorstellung in der griechischen Bevölkerung.[5] Und wenigstens, so die Auffassung in Griechenland, könnte man in einem solchen Fall wieder selbst und ohne „Brüsseler Bevormundung" über die eigenen Angelegenheiten entscheiden.

Wir haben es damit gewissermaßen mit einem stark angeschlagenen Boxer zu tun, der sich die schlimmsten Verletzungen zwar größtenteils selbst zugefügt haben mag, sich nun aber

---

[4] Das lag vor allem daran, dass große Teile der griechischen Bevölkerung umgehend ihre Steuerzahlungen einstellten, um die von Tsipras versprochenen Steuersenkungen freundlicherweise schon einmal vorwegzunehmen. Wie es um die Steuermoral in Griechenland bestellt ist, zeigt dieser Vorgang auf bemerkenswerte Weise.
[5] Tatsächlich dürften die Konsequenzen eines Austritts verheerend sein, siehe dazu unten im sechsten Kapitel.

von der übrigen Eurozone nach zahlreichen Troika-Tiefschlägen in die Ecke des Rings gedrängt fühlt, um zu seinem vielleicht vorerst letzten Schlag auszuholen. Und angeschlagene Boxer – das lässt sich bei einem Blick in die Sportgeschichte leicht belegen –, sollte man nie unterschätzen. Sie sind zu allem bereit, um den vielleicht entscheidenden „lucky punch" zu setzen[6] – der umgehend nach der Wahl offen zur Schau gestellte Flirt Griechenlands mit dem Russland *Vladimir Putins* dürfte diese These bestätigen. Im Übrigen dürfte auch die Tatsache, dass es sich bei Herrn *Varoufakis* um einen Vertreter der im Kalten Krieg wurzelnden ökonomischen Spieltheorie handelt,[7] die provokative Verhandlungsführung der griechischen Regierung zumindest partiell erklären.

Man wird damit kaum leugnen können, dass die Wahl von *Alexis Tsipras* nicht nur für Griechenland, sondern auch für die Eurozone bzw. die Eurokrise eine bedeutende Zäsur darstellt. Die in der Überbrückungsphase bis Ende Julis aber wohl auch darüber hinaus anstehenden Verhandlungsmonate werden insofern nolens volens auch über die Zukunft der Eurozone und – wenn man *Angela Merkel* Glauben schenken will („Scheitert der Euro, scheitert Europa") – auch über Europa bzw. zumindest über die Zukunft des europäischen Integrationsrojekts (mit)entscheiden.

Diese neue Ausgangssituation bildet den Hintergrund dieses kleinen Büchleins. Wenn wir nun schon am Scheideweg stehen, erscheint es sinnvoll, die bisherige Rettungspolitik bzw. deren Auswirkungen zu analysieren und sich ein paar Gedanken zu machen, was bisher möglicherweise schief gelaufen ist. Anders als in anderen „Krisenbüchern" der letzten Jahre sollen dabei auch die rechtlichen Fragen beleuchtet werden. Denn Fragen des Rechts spielen auch in der öffentlichen Debatte eine überaus prominente Rolle. Aber warum ist das eigentlich so? Und

---

[6] Siehe auch die Beschreibung der griechischen Strategie *Anatole Kaletsky*: „Varoufakis's idea of strategy is to hold a gun to his own head, then demand a ransom for not pulling the trigger."
[7] Siehe dazu F. *Schirrmacher*, EGO. Das Spiel des Lebens, 2013.

wie sieht der rechtliche Rahmen für die Rettungsmaßnahmen tatsächlich aus? Vor allem aber stellt sich die Frage, wie es in Griechenland weitergehen könnte bzw. müsste, damit wir langfristig wieder in einer stabilen Währungsunion zu Hause sind. An einer griechischen Tragödie, die angesichts der vielfältigen Verknüpfungen notwendig auch eine europäische wäre, kann jedenfalls niemand ein Interesse haben.

Was also tun?

2. Krise mit Ansage: Hintergründe der Eurokrise

In den Zeitungen liest man in den letzten Jahren viel darüber, dass es sich bei der europäischen Währungsunion um ein politisches Projekt gehandelt habe. Das ist freilich ebenso richtig, wie wenig überraschend. Jedes Integrationsprojekt dieses Ausmaßes ist in einer Demokratie zumindest auch ein politisches Projekt. Gemeint ist mit diesem Hinweis natürlich etwas ganz anderes. Wenn der politische Charakter der Währungsunion besonders betont wird, soll damit zum Ausdruck gebracht werden, dass diese Entscheidung nicht primär auf ökonomischen Notwendigkeiten beruhte. Es war also *nur* ein politisches und – obwohl der wirtschaftliche Bezug offenkundig ist – nicht auch ein auf ökonomischen Rationalitäten oder Notwendigkeiten beruhendes Projekt. Aus ökonomischer Perspektive hätte man sich mit der Währungsunion also durchaus noch ein wenig Zeit lassen können. Ein näherer Blick offenbart sogar, dass sie aus ökonomischer Perspektive mit erheblichen Risiken behaftet war, die sich spätestens im Jahr 2010 auch tatsächlich realisieren sollten. Diese Risiken waren zum Zeitpunkt der Errichtung der Währungsunion im Jahr 1999 durchaus bekannt. Man hielt sie aber für beherrsch- bzw. zumindest in den folgenden Jahren korrigierbar, so dass man sich dafür entschied, den damals bestehenden politischen Konsens für eine Währungsunion nicht ungenutzt verstreichen zu lassen. Völlig unrealistisch war es nicht, dass – den entsprechenden Willen vorausgesetzt – am Ende auch ökonomisch alles gut gehen würde. Leider sollte es in den folgenden Jahren dann aber doch anders kommen.

Wo aber lag eigentlich das ökonomische Problem? Denn: Verfolgt man das Ziel einer stabilen Währungsunion jedenfalls für die Zukunft, wird man zwangsläufig genau diese Probleme lösen müssen. Warum also kann in einem bestimmten, mehrere Nationalstaaten umfassenden Gebiet nicht einfach eine einheitliche Währung eingeführt werden? Geld fungiert doch lediglich als Zahlungsmittel und erfüllt insofern eine reine Hilfsfunktion für die realwirtschaftlichen Geschäfte. Ob ich meine

Brötchen in Euro oder in Drachme zahle, ist doch eigentlich ganz egal. Warum also musste ein Land wie Griechenland mittelfristig an der Einführung des Euro ökonomisch zu Grunde gehen?

Das bringt uns zunächst einmal zur Frage, warum man aus ökonomischer Perspektive überhaupt auf die Idee kommt, eine Währungsunion zu errichten. Und diese Antwort ist relativ schnell gefunden: Eine Währungsunion kann zu erheblichen finanziellen Einsparungen führen, die sich letztlich für alle Teilnehmer an einem Binnenmarkt – also Unternehmer, Verbraucher aber auch den Staat – positiv auswirken. Die Überlegungen dahinter sind vergleichsweise einfach: Da die Produkte heute nicht mehr rein national, sondern international gehandelt werden, bedarf es auch einer Vielzahl an internationalen Zahlungsvorgängen. Die Erdbeeren, die wir im Supermarkt kaufen, kommen aus Spanien oder Portugal, die Tomaten aus Italien oder Holland und der Fisch wurde an der französischen Atlantikküste aus dem Meer geholt. Das Holz für die bei Ikea gekauften Möbelstücke kommt nicht aus Schweden, dafür aber aus Lettland, wobei die Werkzeuge für das Fällen der Bäume in Rumänien und Polen hergestellt wurden. Und so weiter, und so weiter, das Prinzip ist jedem klar und nicht weiter erklärungsbedürftig. Wie sieht dieser internationale Handel nun bei unterschiedlichen, also einer Vielzahl an Währungen aus?

Entscheidend ist hier die Überlegung, dass jeder Lieferant zwangsläufig in seiner Heimatwährung bezahlt werden möchte. Das ist prinzipiell kein Problem, setzt aber natürlich den vorherigen Umtausch des eigenen Geldes voraus. Und genau dieser Umtausch kostet Aufwand und damit Geld, sogenannte Transaktionskosten. Damit aber noch nicht genug. Die Wechselkurse der einzelnen Währungen unterliegen gewissen Schwankungen und diese Schwankungen müssen von den einzelnen Wirtschaftsteilnehmern bei ihren Handlungen berücksichtigt werden. Sind diese Schwankungen zu groß, kann das erhebliche Gewinneinbußen nach sich ziehen und unter Umständen sogar ein ganzes Land in wirtschaftliche Schwierigkeiten bringen. Die Situation in der Schweiz, die aktuell mit einer erheblichen Aufwertung des Franken zu kämpfen hat, macht diese Risiken mehr als deutlich. Gegen einzelne Risiken dieser Art kann man sich versichern, teilweise lassen sie sich durch speziell entwickelte Finanzinstrumente (z.B. Währungsswaps) zumindest reduzieren. Nur eines lässt sich nicht ändern: Auch diese Risiken kosten Geld, erhöhen also erneut die Transaktionskosten und müssen von den Unternehmen daher in ihr Handeln eingepreist werden. Das kann dann dazu führen, dass ökonomisch an sich sinnvolle Handelsbeziehungen allein aufgrund dieser Transaktionskosten unterbleiben. Darunter aber leidet wiederum die mit einem Binnenmarkt angestrebte optimale Ressourcenallokation. Für einen gemeinsamen Wirtschaftsraum wie den europäischen Binnenmarkt erweist sich eine solche Situation zwangsläufig als misslich und aus genau diesem Grund besteht von Seiten der Wirtschaftsteilnehmer ein großes Interesse daran, diese Probleme (also die währungsbedingten Transaktionskosten) durch die Einführung einer einheitlichen Währung zu beseitigen. Ein Umtausch ist dann nicht mehr nötig, und Wechselkursrisiken gibt es dann auch nicht mehr. Man bezahlt ja nun alles in der gleichen Währung – in Euro. Tatsächlich gehören die soeben beschriebenen Wechselkursrisiken in der Eurozone denn auch der Vergangenheit an. Und praktisch kein Unternehmen – gerade in Deutschland – würde diese Vorteile des Euro ernsthaft bezweifeln wollen.

So weit so gut. Das erklärt aber noch nicht, warum Griechenland praktisch von Tag eins mit dieser neuen Währung ökonomisch auf den Abgrund zulief. Auch hier waren die Transaktionskosten für die Unternehmen doch nun gefallen. Warum sollten die Griechen von diesem Umstand – anders etwa als Deutschland – nur wenige Jahre profitieren?

So zynisch es klingen mag: Die Griechen wurden sozusagen Opfer des anfänglichen Erfolgs der Währungsunion. Denn mit dem Wegfallen der Transaktionskosten trat zunächst einmal genau der erwünschte Effekt auch ein. Das Kapital suchte sich die besten Anlagemöglichkeiten in der gesamten Eurozone und zwar ohne Rücksicht auf Verluste. Überall wurde nun mit Euro bezahlt. Das machte die Sache auch für die Verbraucher transparent und einfach. Preise zu vergleichen war kein Problem mehr. Man kaufte eben da ein, wo man am meisten für sein Geld bekam. Natürlich wechselte man jetzt nicht den Bäcker oder den Frisör. Aber größere Anschaffungen tätigte man schon da, wo es am günstigsten war. Alles nachvollziehbar, gewollt und richtig. Genau das sollte die Währungsunion ja auch ermöglichen: Eine optimale Allokation der Ressourcen und damit auch des Geldes.

Problematisch ist das nur dann, wenn einzelne Gebiete einer Währungsunion wirtschaftlich weniger wettbewerbsfähig sind, als andere. Gewisse regionale Unterschiede sind letztlich kaum zu vermeiden und treten auch in Deutschland oder den USA auf. Wenn die Differenzen aber zu groß werden, wird es schwierig. Es entstehen geldlose Gebiete innerhalb der Währungsunion und in einer Marktwirtschaft ist das schlicht tödlich. Die entsprechenden Gebiete bluten aus und können irgendwann nicht mehr überleben. In Deutschland haben wir diese Erfahrung im Zusammenhang mit der Wende gemacht. Denn auch hier wurde die Währungsunion mit den Ländern der ehemaligen DDR bereits eingegangen, als diese wirtschaftlich nicht einmal im Ansatz in der Lage waren, mit der alten Bundesrepublik im Hinblick auf ihre Wettbewerbsfähigkeit mitzuhalten. Der totale Zusammenbruch der neuen Bundesländer konnte allein durch die gigantischen Transferzahlungen abgewendet werden, die von West nach Ost flossen. Auch das konnte freilich nicht verhindern, dass viele Ostdeutsche ihre Sachen gepackt und einen Neuanfang in Westdeutschland versuchten – wirtschaftlich geht es großen Teilen der DDR demgegenüber weiterhin nicht allzu gut – vielleicht auch eine Ursache für solch verstörende Phänomene wie PEGIDA?

Ab 1999, spätestens aber ab 2002, spielten sich die gleichen Szenen in Griechenland ab. Angesichts der wirtschaftlichen

Ausgangslage zum Zeitpunkt des Beitritts, der fehlenden industriellen Basis, der undurchsichtigen Bürokratie und Korruption – kurz der erheblichen Investitionsrisiken – bestand für europäische Unternehmen kein besonderer Grund, das vorhandene Geld ausgerechnet in Griechenland zu investieren. Es gab ja noch genug andere Regionen, in denen man sein Geld transaktionskostenfrei arbeiten lassen konnte. Und auch die Griechen selbst sahen in vielerlei Hinsicht keinen Anlass, ausgerechnet griechische Waren zu kaufen, wenn sie für das gleiche Geld bessere aus dem Ausland importieren konnten. Die Finanzkrise ab 2008 hat diesen schleichenden Prozess des griechischen Geldverlustes lediglich beschleunigt. Ohne die Finanzkrise wäre es dazu also vielleicht nicht schon 2010 mit Sicherheit aber wenig später – 2013?, 2014? – gekommen. Und anders als innerhalb den USA oder den neuen Bundesländern bestand für den Großteil der Betroffenen eben nicht einfach die Möglichkeit, die strukturschwache Region zu verlassen, um das Glück in einem wettbewerbsfähigeren Teil der Eurozone zu suchen. Denn der strukturschwache Teil war hier ganz Griechenland. Schon aufgrund der Sprachprobleme können Arbeitskräfte aber nicht einfach in eine andere Region (also ein anderes Land) wechseln. Diese sogenannte Faktormobilität ist in der europäischen Währungsunion also viel geringer, als das in einsprachigen Währungsräumen wie den USA[8] oder dem Deutschland nach der Wende der Fall ist. Und jemand, der bereit gewesen wäre, die Geldverluste durch Transferzahlungen aufzufangen in Sinne eines „Solidarzuschlags Griechenland", fehlte erst recht.

Die Ökonomie verlangt aus diesen Gründen für eine Währungsunion zumindest ein einigermaßen homogenes Wirtschaftsgebiet, um diese negativen Effekte zu vermeiden. Denn dann, so die nachvollziehbare Überlegung, verteilt sich eben auch das Geld einigermaßen homogen. Einen solchermaßen optimalen Währungsraum repräsentierte die Europäische

---

[8] Siehe auch *M. Blyth*, Austerity. The History of a Dangerous Idea, S. 91.

Währungsunion jedoch zu keinem Zeitpunkt. Zwar sah der Maastricht-Vertrag besondere Konvergenzkriterien vor, die die Mitgliedstaaten erfüllen mussten, um der Währungsunion beitreten zu können. Diese wurden allerdings einerseits nicht mit der notwendigen Härte beachtet – kreative Buchführung wurde hier ebenso akzeptiert, wie nicht zuletzt im Falle Griechenlands erhöhte Schuldenstände. Im Übrigen handelte es sich um sogenannte stichtagsbezogene nominale Regelungen – zu einem bestimmten Stichtag mussten also bestimmte nominale Grenzwerte eingehalten werden. Mit realer und nachhaltiger Konvergenz hat das wenig zu tun. Dadurch war die Währungsunion bereits bei ihrem Beginn von einer Inhomogenität geprägt, die langfristig nur schwer tragbar sein würde. Dieser Umstand wäre aber wohl zu verkraften gewesen, wenn die institutionelle Ausgestaltung der Währungsunion zumindest jetzt auf die Herstellung einer solchen Homogenität für die Zukunft gerichtet gewesen wäre. Genau das aber war nicht der Fall. Denn auf eine einheitliche europäische Wirtschafts- und Fiskalpolitik, die auf die Durchführung der erforderlichen Reformen hätte hinwirken können, wurde bei der Errichtung der Währungsunion verzichtet. Man legte lediglich bestimmte Grenzwerte für die Verschuldungsquote und die Neuverschuldung fest, ließ aber praktisch alles andere im Bereich der Wirtschafts- und Fiskalpolitik in der Kompetenz der Mitgliedstaaten. Diese sollten sich ab jetzt also eigenständig um die Herstellung der erforderlichen Wettbewerbsfähigkeit in der errichteten Währungsunion kümmern.

Das aber ging letztlich doppelt schief: Denn zum einen wurden die Verschuldungsgrenzen nicht hinreichend ernst genommen – auch und gerade Deutschland setzte der Normativität dieser Regelungen im Zusammenhang mit der Agenda 2010 der Schröder-Regierung einen herben Schlag, und verletzte praktisch sanktionslos die europäischen Vorgaben. Ein Präzedenzfall, der auf Nachahmer nicht lange zu warten brauchte. Zum anderen – und das erwies sich als sehr viel bedrohlicher –

war die Herstellung von Wettbewerbsfähigkeit in einem einheitlichen Währungsraum nicht von heute auf morgen machbar. Ein Blick auf die Agenda 2010, die den Deutschen ihre nach der Wende verlorene Wettbewerbsfähigkeit zumindest partiell zurückbrachte, kann dies verdeutlichen: Sie bedeutete nämlich einen erheblichen Kraftakt, mit Einschnitten in vielen Bereichen und sollte gleichwohl erst Jahre später die gewünschten Erfolge zeitigen. Zu diesem Zeitpunkt war die Schröder-Regierung längst abgewählt und auch die erste Amtszeit von *Angela Merkel* war schon fast beendet. Solche Reformen sind mit erheblichen Anstrengungen verbunden und setzen voraus, dass letztlich alle an einem Strang ziehen. Und in einer Währungsunion gilt das in besonderem Maße. Das betrifft nicht zuletzt die Tarifparteien. Diese müssen darauf achten, ihre Lohnforderungen zwingend an die erzielten Produktivitätssteigerungen zu knüpfen. Gehen sie aber darüber hinaus, bedeutet das einen weiteren Verlust an Wettbewerbsfähigkeit, mit den oben genannten Konsequenzen. Bei der Errichtung der Währungsunion bestand dabei die naive Hoffnung, dass diese Zusammenhänge von allen Beteiligten gerade aufgrund der erhöhten Transparenz in einer Währungsunion beachtet werden würden.

Tatsächlich führte genau diese Transparenz jedoch eher zum Gegenteil. In praktisch allen heutigen Problemstaaten, allen voran in Griechenland, lagen die Lohnsteigerungen in den Jahren nach Beginn der Währungsunion deutlich über den Produktivitätssteigerungen – die Bevölkerungen dieser Staaten lebten mit anderen Worten deutlich über den eigenen Verhältnissen. Umgekehrt – und auch das ist alles andere als optimal – kam es in Deutschland aber auch etwa in Österreich sogar zu realen Lohnrückgängen und damit einer zusätzlichen Steigerung der Wettbewerbsfähigkeit. Die Konsequenz? Die Griechen importierten immer mehr, Deutschland wurde Exportweltmeister. „Na und", könnte man fragen? Aber genau in diesen unausgeglichenen Leistungsbilanzen liegt letztlich der Kern der Eurokrise. Denn es stellt sich offenkundig die Frage, wie die Griechen die ganzen Produkte eigentlich bezahlten. Woher also kam das Geld?

Und so verrückt es klingt, es kam aus genau den Ländern mit Exportüberschüssen und damit nicht zuletzt aus Deutschland. Der griechische Staat verschuldete sich bis über beide Ohren also vornehmlich bei europäischen Banken, gab dieses Geld an die Bevölkerung weiter, die es wiederum nutzte, um deutsche und andere ausländische Produkte zu kaufen – logisch, denn die inländischen waren angesichts der fehlenden Wettbewerbsfähigkeit entweder zu teuer oder nicht einmal auf dem griechischen Markt erhältlich. Der griechische Staat selbst übernahm insofern zunächst die notwendigen Transferzahlungen, die im Zusammenhang mit der deutschen Wiedervereinigung die alten Bundesländer übernommen hatten. Ein in der Tat bemerkenswerter Kreislauf.

Das Perfide dabei: Gerade die staatliche Verschuldung Griechenlands wurde in dieser exzessiven Form überhaupt erst durch die Währungsunion möglich. Zuvor musste der griechische Staat angesichts seiner bisher eher unbefriedigenden Solvenzgeschichte – in den letzten 150 Jahren war Griechenland beinahe die Hälfte der Zeit zahlungsunfähig – exorbitant hohe Zinsen zahlen. Die Gläubiger hatten schlicht Angst, ihr Geld nicht wiederzusehen und verlangten daher extrem hohe Risikoaufschläge. Ohne die Währungsunion wäre eine solchermaßen massive Staatsverschuldung also schlicht unmöglich gewesen. Weil Griechenland nun aber Mitglied dieser wunderbaren Währungsunion war, war plötzlich alles anders.[9] Sie werden sich sicher fragen warum, und in der Tat, da sich an den realen griechischen Verhältnissen mit dem Beitritt nichts geändert hatte, sollte sich an sich auch das Insolvenzrisiko nicht verän-

---

[9] Siehe dazu auch die Übersicht bei *M. Blyth*, Austerity. The History of an Dangerous Idea, S. 80, die die Zinsentwicklung der Eurostaaten vor und nach Einführung des Euro zeigt.

dert haben. Und genau so ist es auch. Dennoch musste Griechenland mit dem Beitritt zur Währungsunion aber nur noch unwesentlich mehr Zinsen auf seine Staatsanleihen zahlen als Deutschland oder Frankreich. Waren die Finanzmärkte so leicht zu täuschen? Genügte wirklich das Label „Euro", um das Geld nun wieder fröhlich fließen zu lassen? Tatsächlich war es so, aus der Perspektive der Finanzmärkte folgte dies aber aus einer durchaus rationalen Logik: Sie gingen nämlich davon aus, dass eine Insolvenz in einer Währungsunion praktisch nicht vorkommen würde. Unmöglich ist eine solche natürlich nicht, auch in den Vereinigten Staaten ist es bereits vorgekommen, dass einzelne Bundesstaaten zahlungsunfähig wurden. Und in Berlin sieht es aktuell auch nicht wirklich vielversprechend aus. Der Eintritt in eine Währungsunion beseitigt also mit Nichten automatisch jedes Insolvenzrisiko. Die Märkte spekulierten aber zumindest darauf, dass die Politik die Insolvenz eines Eurostaates nicht zulassen und diesen Staat also rechtzeitig retten würde und zwar obwohl eine solche Rettung – jedenfalls die direkte Schuldenübernahme – durch die europäischen Verträge ausgeschlossen war. Ich werde auf die genaue Regelung in einem späteren Abschnitt zurückkommen.

Aber wie kamen die Märkte auf diese Idee? Naja, so weit hergeholt war sie, wie sich ja später zeigen sollte, nicht. Denn eine Insolvenz innerhalb der Währungsunion bedeutete zunächst einen erheblichen Prestigeverlust. Vor allem aber wäre es völlig unklar, wie es anschließend mit der Währungsunion weitergehen würde. Und darüber hinaus hatten die Staaten der Eurozone durchaus ein Interesse daran, dass die Marktteilnehmer von der generellen Insolvenzunfähigkeit aller Eurostaaten ausgehen. Denn genau das ermöglichte ja auch ihnen eine kostengünstige staatliche Verschuldung. Sie hatten daher auch politisch dafür Sorge getragen, dass Banken, aber auch große Versicherer, stets ausreichend Staatsanleihen erwerben. So gelten Staatsanleihen aller Eurostaaten bis heute etwa im Bereich der Finanzaufsicht als risikolose Papiere. Banken die Staatsanleihen halten, müssen für diese also überhaupt kein Eigenkapital vorhalten und können die Papiere im Gegenzug nutzen, um sie bei der EZB als Sicherheit für weiteres Geld zu hinterlegen. Und, wenn man als Bank nun schon „risikolose" Staatsanleihen kaufen muss, welche kauft man dann? Richtig, die mit der meisten Rendite und das waren aufgrund des geringfügigen Aufschlags eben griechische Anleihen. Das ist auch der Grund, warum im Jahr 2010 eine Insolvenz Griechenlands letztlich das Ende des europäischen Bankenmarktes bedeutet hätte. Versicherungen sind übrigens ebenfalls verpflichtet, einen bestimmten Anteil risikolose Papiere zu halten. Im Interesse der Versicherten versteht sich. Risikolose Papiere? Die kann es doch gar nicht geben, oder? Doch, wenn man sie nämlich von staatlicher Seite für risikolos erklärt und erneut war das für Staatsanleihen der Eurostaaten und damit auch für griechische genau so passiert.

So abwegig war es also nicht, wenn die Finanzmärkte davon ausgingen, dass es zu einer Insolvenz eines Eurostaates nicht kommen würde. Und so war es dann ja auch. Im Übrigen erklärt das auch, warum eine Insolvenz Griechenlands heute in den Worten der Bundesregierung „ihren Schrecken verloren" hat. Nicht weil eine solche für die griechische Bevölkerung weniger tragisch wäre, sondern weil sich die europäischen Banken und Versicherungen mittlerweile weitgehend von griechischen Staatsanleihen getrennt haben. Das griechische Wirtschaftssystem wäre dennoch am Ende – offenkundig nichts, was die Deutschen schrecken könnte. Auch auf diesen Umstand wird zurückzukommen sein.

Also noch einmal zusammengefasst: Die Griechen liehen sich zu wunderbaren Konditionen Geld, nutzten dieses Geld, um sich deutsche und andere ausländische Produkte zu kaufen, während die deutschen und die anderen europäischen Exporteure dieses Geld anschließend nicht in die heimische Wirtschaft investierten, sondern aufgrund der verbesserten Renditeoptionen erneut dem griechischen Staat zur Verfügung stellten. Ein wirklich wunderbarer Kreislauf, der nur leider, leider nicht ewig weitergehen konnte.

Warum aber ist nicht wenigstens die EZB eingeschritten, um diesem Wahnsinn ein Ende zu bereiten? Hätte sie nicht ihre Zinsen erhöhen und dadurch den nicht zuletzt aus den überzogenen Lohnforderungen resultierenden inflationären Tendenzen in Griechenland Einhalt gebieten und die Staatsverschuldung zumindest erschweren können? Das hätte sie schon. Aber die EZB ist eben nicht allein für Griechenland, sondern für den gesamten Euroraum zuständig.[10] Und vor diesem Hintergrund wäre eine Zinserhöhung für zahlreiche Staaten der Eurozone fatal gewesen. Für den gesamten Euroraum lag die Inflationsrate ohnehin stets bei mehr oder weniger den von der EZB angepeilten rund 2%. Die EZB war insofern auf dem Papier auch während der Finanzkrise und danach außerordentlich erfolgreich – im Hinblick auf die Sicherung der Preisstabilität sogar erfolgreicher als die so gepriesene Bundesbank. Erst in der zweiten Hälfte des Jahres 2014 sollte die Inflationsrate im gesamten Euroraum bedrohlich sinken, worauf die EZB angesichts des bereits bei null liegenden Zinsniveaus ab März 2015 mit Anleihekäufen reagierte (sogenanntes Quantitative Easing, QE). Dennoch: Während der Finanzkrise, vor allem aber 2010 passte ihre notwendigerweise einheitliche (und absolut gesehen erfolgreiche) Geldpolitik nicht für dieses so inhomogene wirtschaftliche Umfeld der Eurozone. Für die einen war sie zu expansiv, für die anderen zu restriktiv: „One size fits none".[11] Sie musste dem Treiben daher mehr oder weniger tatenlos zusehen.

Das Ende kam schließlich – ein wenig beschleunigt durch die Finanzkrise – im Jahr 2010. Die Staatsverschuldung Griechenlands war mittlerweile so hoch, dass die Finanzmärkte nicht mehr bereit waren, einer weiteren Schuldenfinanzierung ihren Segen zu geben. Wie um alles in der Welt, wurde nun auf Seiten

---

[10] Hier liegt insofern ein ganz bedeutender Unterschied zur amerikanischen Zentralbank, vgl. auch *T. Piketty*, Das Kapital im 21. Jahrhundert, S. 762 f.
[11] Siehe auch *H. Enderlein*, Solidarität in der Europäischen Union – Die ökonomische Perspektive, in: C. Calliess (Hrsg.), Europäische Solidarität und nationale Identität, S. 83 (89 ff.).

der potenziellen Gläubiger gejammert, soll Griechenland diesen Schuldenberg jemals zurückzahlen? Oder besser womit? Ein wirtschaftlicher Aufschwung, der die nötigen Mittel hätte akquirieren können, war nicht erkennbar. Und auch wenn eine Totalinsolvenz vielleicht von den anderen Staaten der Eurozone verhindert werden würde: Wie es weitergehen würde, war erst einmal unklar. Und in einer solchen Situation der Unsicherheit macht Geld immer das Gleiche: Es bleibt weg, versteckt sich und hofft andernorts auf Besserung. Und andernorts hieß hier: Jedenfalls nicht in Griechenland. Lieber würde es sich sogar bei der EZB selbst (absolut zinslos aber wenigstens sicher, heute sind für ein solches Verhalten sogar Strafzinsen fällig) bequem machen. Mit anderen Worten: Griechenland war praktisch von heute auf morgen pleite und hätte schon sehr bald nicht einmal mehr die notwendigsten Leistungen der Daseinsvorsorge erbringen können. Von der Rente über das Gesundheits- und Schulsystem bis zur Wasserversorgung stand plötzlich alles auf dem Spiel. Und viel Zeit zum Überlegen blieb nicht.

Außerhalb einer Währungsunion hätte Griechenland nun zumindest noch die Möglichkeit gehabt, die eigene Währung abzuwerten. Die griechische Drachme wäre dann also erheblich im Wert gefallen, was im Gegenzug im Verhältnis zu anderen Volkswirtschaften einer Erhöhung der Wettbewerbsfähigkeit gleichgekommen wäre: Importe wären für die griechische Bevölkerung dann zwar teurer geworden, aber Exporte wären gestützt worden. Zudem wäre dadurch auch die Nachfrage nach inländischen Gütern erhöht worden.[12] Und die damit einhergehenden monetären Lohnkürzungen wären für die Betroffenen sehr viel weniger dramatisch und sichtbar, als das bei realen Lohnkürzungen der Fall ist. Grundlegende wirtschaftliche Reformen könnte eine solche Maßnahme insofern zwar nicht ersetzen, sie könnte aber – in den Worten *Wolfgang Streecks*[13] –

---

[12] *P. Bofinger*, Zurück zur D-Mark?, S. 142.
[13] *W. Streeck*, Gekaufte Zeit. Die vertagte Krise des demokratischen Kapitalismus, 2013.

zumindest ein bisschen Zeit kaufen. Zeit, die es bräuchte, um ein praktisch zusammengebrochenes Staatswesen wieder aufzurichten. Nur: In einer Währungsunion gibt es diese Möglichkeit der monetären Abwertung leider nicht: Euro ist Euro. Eine regionale allein auf Griechenland begrenzte Abwertung ist nicht möglich. In Betracht kommt in solchen Fällen also wirklich allein eine reale Abwertung, und das heißt nicht zuletzt: Löhne kürzen und Sparen was das Zeug hält. Für die kurzfristigen Aufgaben (etwa „Wie schaffen wir es, das Krankenhaus morgen zu betreiben?") bringt dies jedoch wenig bis nichts – entsprechende Reformen hätten ja schon mit dem Beitritt zur Eurozone vollzogen werden müssen und bräuchten Jahre um effektiv zu wirken. Wie aber sollte es bis dahin weitergehen? Ein Staat braucht Geld und wenn er dieses wie in einer Währungsunion nicht (mehr) selbst drucken kann, muss es eben von woanders kommen. Und da die Finanzmärkte ausfielen, musste man sich zwangsläufig nach anderen Geldgebern für Griechenland umsehen – und zwar selbst dann, wenn man absolut bereit gewesen wäre, auch die langfristig wirksamen Reformen sofort und umfassend anzugehen. Damit aber kamen die anderen Staaten der Eurozone ins Spiel. Denn andere Geldgeber waren schlicht nicht in Sicht.

3. Was bisher geschah: Die Rettungsmaßnahmen

Das war also die Ausgangssituation im Jahr 2010: Griechenland war praktisch von heute auf morgen pleite, eine reale Abwertung wäre zwar möglich gewesen, hätte das Problem kurzfristig aber nicht gelöst, eine monetäre Abwertung war unmöglich, die Finanzmärkte waren in ihrem Urteil nicht mehr umzustimmen und die Gläubiger der fälligen Staatsanleihen verlangten ihr Geld. Ach ja: Und zahlreiche dieser Gläubiger waren europäische Banken und Versicherungen, so dass der Ausfall dieser Staatsanleihen vermutlich zu einem finanziellen Kollaps des europäischen Bankensystems geführt hätte. Und wenn nicht jetzt, dann spätestens, wenn die restlichen Staatsanleihen fällig geworden wären, die in den Bilanzen der europäischen Bankhäuser schlummerten. Was also tun?

Eine wirklich angenehme Lösung gab es, soviel steht fest, sicherlich nicht. Gehen wir die denkbaren Optionen einmal durch. 1: Nichtstun und hoffen, dass alles gut wird. Offenkundig ungeeignet, da der Staatsbankrott Griechenlands und damit auch der Ausfall der Milliarden von griechischen Staatsanleihen praktisch sicher wäre. Darüber hinaus wäre das auch politisch kein sonderlich positives Signal. Ein Land der Eurozone und nicht zuletzt Nato-Partner braucht Hilfe und man schaut einfach weg und kümmert sich um so fordernde und wichtige Projekte wie die Autobahn-Maut? Trotz CSU nur schwer vorstellbar.

Also 2: Austritt Griechenlands aus der Eurozone. An sich ein durchaus nachvollziehbarer Gedanke. Immerhin war Griechenland ökonomisch von Anfang an nicht reif für die Währungsunion und würde dies in den nächsten Jahren auch nur mit größter Mühe und schon gar nicht aus eigener Kraft werden. Insofern lag es nahe, Griechenland in die ökonomische Freiheit zu entlassen, die Drachme wieder einzuführen und die letzten 10 Jahre einfach aus dem Gedächtnis zu streichen. Wir tun einfach so, als wäre der Beitritt nie erfolgt. Alles vergessen. Schwamm drüber. Und genau da zeigt sich das Problem. Der

Beitritt ist nämlich erfolgt und dieser Schritt hat Veränderungen bewirkt, die einen Austritt nun überaus gefährlich machen. Das betrifft zunächst weniger die Konsequenzen für die griechische Bevölkerung, die zwar verheerend gewesen wären, uns aber erst an späterer Stelle beschäftigen sollen. Vornehmlich geht es vielmehr erneut um diese verflixten griechischen Staatsanleihen bei den europäischen Banken, die auch dann sicher verloren wären (zur Erinnerung: Staatsanleihen, auch griechische, gelten weiterhin offiziell als risikolos). Denn die Einführung der Drachme hätte ja zunächst nichts daran geändert, dass Griechenland verpflichtet gewesen wäre, diese bereits bestehenden Staatsanleihen zu bedienen. Und zwar in Euro. Die neu eingeführte Drachme würde indes im Verhältnis zu anderen Währungen umgehend massiv abwerten. Wer wäre schon bereit, seine Dollar oder Euro gegen diese wacklige neue/alte Währung zu tauschen? Eine Rückzahlung der in Euro nominierten auch nach einem Austritt weiterhin bestehenden Staatsschulden wäre also unmöglich gewesen. Diese Option mochte daher langfristig irgendwie möglich sein, kurzfristig (also solange der Ausfall der Staatsschulden eine europäische Bankenkrise verursachen könnte) aber sicher nicht.

In Betracht kam daher noch 3: Man hätte die europäischen Banken von ihren griechischen Staatsanleihen befreien können, indem man sie ihnen schlicht abgekauft hätte. Die Gesamtschulden Griechenlands lagen im Jahr 2010 bei rund 300 Milliarden Euro, wobei der Großteil – wie soeben beschrieben – auch im Ausland, also vornehmlich in den Staaten der Eurozone aufgenommen wurde. Griechenland wies damals eine Auslandsverschuldungsquote von über 90% auf.[14] Sagen wir

---

[14] Von allen Verschuldungsformen ist Auslandsverschuldung stets die problematischste, da ein Staat gegenüber seinen eigenen Staatsangehörigen zumindest die Besteuerungs- und Hoheitsgewalt im Übrigen besitzt und sich das Geld daher notfalls auf diesem Wege besorgen kann. Gegenüber ausländischen Gläubigern geht das zwangsläufig nicht. Aus diesem Grund ist Japan auch weiterhin nicht insolvent gegangen, obwohl die Verschuldungsquote bei rund 200% des BIP liegt. Japan ist nämlich zum allergrößten Teil bei seinen eigenen Staatsangehörigen verschuldet.

also, dass die europäischen Banken und Versicherungen für rund 270 Mrd. Euro griechische Staatsanleihen gezeichnet hätten. Legt man den eurotypischen Verteilungsschlüssel zugrunde, hätte Deutschland bei dieser Option 3 rund ein Viertel und damit Staatsschulden im Wert von ca. 68 Mrd. Euro durch den Ankauf von Staatsanleihen übernehmen müssen. Die deutschen Staatsschulden wären also um diesen Betrag gestiegen und Griechenland wäre zwar nicht schuldenfrei, hätte mit den europäischen Partnern nun aber sehr viel angenehmere Gläubiger. Und damit wäre auch die Frage des Austritts Griechenlands aus der Eurozone wieder denkbar – jedenfalls die Gefahren für das europäische Bankensystem wären ja gebannt. Und zumindest theoretisch könnten die europäischen Partner auf die Bedienung der Staatsanleihen zu einem großen Anteil verzichten, um Griechenland so auch unter der Drachme einen Neustart zu ermöglichen. Theoretisch. Aber beim Lesen dieser Zeilen wird deutlich geworden sein, dass ein solcher Schritt jedenfalls zu diesem Zeitpunkt unmöglich gewesen wäre. Die Europäer zahlen von heute auf morgen die Zeche für die ökonomischen Fehltritte Griechenlands der letzten 15 Jahre? In dieser Höhe? Ausgeschlossen. Und insofern stand diese Option nie ernsthaft zur Debatte und sie wäre rechtlich in dieser Form auch ausgeschlossen gewesen.

Das Ironische daran ist: Angesichts der Entwicklung bis zum Jahr 2015 wäre dies vielleicht die günstigste Lösung für alle gewesen. Allein die unmittelbaren Hilfsleistungen bisher betragen mehr als 240 Milliarden Euro und ein Ende ist nicht abzusehen. Griechenlands Staatsverschuldung ist seitdem gestiegen und von einem Neustart kann jedenfalls bisher keine Rede sein. Die scheibchenweise präsentierten finanziellen Hilfsleistungen über die sogleich zu sprechen sein wird, haben das Problem also nicht wirklich lösen können.

Wie auch immer, es blieb als realistische Option zum Zeitpunkt 2010 damit allein 4: Finanzielle Unterstützung Griechenlands, mit anderen Worten: Griechenland musste (schon um ein wenig Zeit für eine umfangreiche Ursachenanalyse zu gewinnen) an den finanziellen Tropf der Eurostaaten gehängt werden.

Und genau so sollte es dann auch kommen. Bereits im Februar 2010 kamen die Staats- und Regierungschefs der gesamten EU im Europäischen Rat in Brüssel zusammen, um über Auswege aus der soeben geschilderten Misere zu beraten, wobei frühzeitig verkündet wurde, dass man – falls nötig – bereit sei, „entschlossene und koordinierte Maßnahmen" zur Sicherstellung der finanziellen Stabilität der gesamten Eurozone zu ergreifen – ein für die kommenden Jahre typisches Statement, das vornehmlich der Beruhigung der durchaus aufgeregten Finanzmärkte dienen sollte. Im März 2010 war es schließlich soweit: Die Mitgliedstaaten der Eurostaaten erklärten sich bereit, neben einer Finanzierung durch den IWF Griechenland auch mit eigenen Darlehen beizustehen und konnten sich im April 2010 schließlich auf die genaue Ausgestaltung der bilateralen Finanzhilfe (Konditionen, Zinsen, Rückzahlungstermine etc.) einigen, woraufhin Griechenland schließlich am 23. April 2010 die ersten Finanzhilfen gemeinsam beim IWF und den anderen Eurostaaten beantragte. Dieses erste griechische Hilfspaket der Eurostaaten hatte ein Gesamtvolumen von bis zu 80 Milliarden Euro und eine Laufzeit von drei Jahren. 30 Milliarden waren dabei bereits für das erste Jahr gedacht. Auf Deutschland entfielen damit rund 22,4 Milliarden Euro bzw. 8,4 Milliarden Euro im ersten Jahr.[15] Der IWF übernahm weitere 30 Milliarden Euro – der finanzielle Gesamtbedarf Griechenlands für diesen Zeitraum wurde auf 110 Milliarden geschätzt.

So weit so gut. Im Hinblick auf diese finanziellen Hilfen gilt es dabei jedoch zwei Dinge im Kopf zu behalten: Erstens stand dieses Geld der griechischen Regierung nicht zur freien Verfügung. Es musste vielmehr bereits zu einem großen Teil dafür

---

[15] Die Beteiligungsquoten berechneten sich nach dem jeweiligen Anteil der Staaten der Eurozone am Stammkapital der EZB. Der Anteil Deutschlands betrug zum damaligen Zeitpunkt 27,92% (wobei dieser Anteil unter Ausschluss Griechenlands zu berechnen war) und damit eben rund 22,4 Milliarden Euro.

genutzt werden, die fälligen Staatsanleihen bei deutschen und anderen europäischen Banken zu bedienen. Das Geld wanderte also erst nach Griechenland, um anschließend wieder nach Deutschland, Frankreich und die anderen Staaten der Eurozone zu fließen – nur eben nicht an den Staat, sondern an die privaten Banken und Versicherungen. Der Rest konnte und musste genutzt werden, um die grundlegenden Staatsleistungen – Renten, Krankenversorgung etc. zu gewährleisten. Griechenland wurde damit also im wahrsten Sinne erst einmal Zeit gekauft bzw. geliehen. Und diese Zeit sollte Griechenland zweitens natürlich nicht ungenutzt lassen, sondern für die Modernisierung des Wirtschaftssystems und insbesondere für die Wiederherstellung (bzw. erstmalige Herstellung) der in der Währungsunion erforderlichen Wettbewerbsfähigkeit nutzen. Die Vergabe der Kredite war mithin an Bedingungen geknüpft, die in einem sogenannten Memorandum of Understanding (MoU) gemeinsam mit der griechischen Regierung festgelegt wurden und deren Einhaltung von den Geldgebern penibel überwacht wurde. Das Geld wurde dementsprechend auch nicht am Stück, sondern in kleineren Tranchen überwiesen, wobei die Überweisung einer solchen Tranche von der Einhaltung der vereinbarten Zwischenziele abhing, die von der bereits erwähnten Troika als exekutivem Überwachungsgremium in regelmäßigen Berichten dokumentiert wurde.

Wie sahen nun diese Auflagen im Einzelnen aus? Nachhaltige Investitionsvorgaben im Sinne einer keynesianischen Nachfragepolitik enthielten diese jedenfalls nicht. Woher hätte auch das Geld dafür kommen sollen? Das war ja bereits wieder in den Bilanzen der deutschen und europäischen Banken angekommen oder wurde für die grundlegenden Staatsleistungen gebraucht. Also blieb nur der zweite Weg: Sparen, Steuern erhöhen und modernisieren. Und genau solche Maßnahmen wurden im MoU dann auch im Einzelnen aufgelistet. So sollte Griechenland sein Defizit in den Griff kriegen (die Staatsausgaben sollten bis 2013 um 7% sinken und die Einnahmen bis 2013 um

4% steigen), Löhne und Leistungen aus sozialen Sicherungssystemen waren auf ein nachhaltiges Niveau zu drücken, zugleich sollte eine Reform des öffentlichen Sektors und die Effektivierung und Flexibilisierung der Arbeits- und Produktmärkte erfolgen, um inländische und ausländische Investoren anzulocken, was auch eine Reduzierung der Beteiligung des öffentlichen Sektors am privaten Marktgeschehen einschließen sollte (also: Privatisierung). Zusätzlich waren eine Reform des Renten- und des Gesundheitssystems vorgesehen. Auch das Steuersystem sollte reformiert werden, hier setzte das MoU aber vor allem auf eine Erhöhung der Einkommen- und Mehrwertsteuer sowie auf eine Verbesserung der Durchsetzung bestehender Steuern. Tatsächlich bestand hinsichtlich der Steuermoral aber auch der Steuereintreibung – euphemistisch gesprochen – noch Luft nach oben. Über die Jahre war es schlicht normal geworden, Steuern eher als freiwilligen Beitrag, denn als verpflichtende Abgabe zu interpretieren.

Drastische Steuererhöhungen waren im MoU hingegen nicht vorgesehen, ebenso wenig die Einführung einer allgemeinen und progressiven Vermögensteuer.

Viele dieser Maßnahmen erscheinen angesichts der Zustände in Griechenland zum damaligen Zeitpunkt zweifellos nachvollziehbar und zahlreiche von ihnen wurden von griechischer Seite durchaus auch angegangen. Es kam also nicht nur zu massiven Rentenkürzungen, sondern auch zu massenhaften Entlassungen aus dem Staatsdienst und einer Abschaffung des Steuerfreibetrags. Sogar eine neuartige Immobiliensteuer wurde eingeführt, die praktischerweise direkt über die Stromrechnung eingezogen wurde.

Aber sollte das alles wirklich innerhalb dreier Jahre Wirkung zeigen und eine solche Erholung bewirken können, dass Griechenland wieder allein überlebensfähig war? Allein die Agenda 2010 hat hier in Deutschland – mithin bei grundsätzlich funktionierenden Verwaltungsstrukturen – länger gebraucht und war dabei nicht einmal im Ansatz so umfangreich wie dieses mit den Griechen „vereinbarte" Mammutprogramm. Und das wirtschaftliche Umfeld in der damaligen Eurozone war auch erheblich angenehmer. Dass die Auflagen letztlich nicht umfassend realisiert werden konnten – erst recht nicht, wenn man einen halbwegs demokratischen Entscheidungsprozess in Griechenland nicht völlig unterbinden wollte – war insoweit eigentlich von Anfang an klar. Ebenso die Tatsache, dass ein solches Programm zu erheblichen sozialen Spannungen führen würde, wenngleich das MoU immerhin ausdrücklich vorsah, dass die Belastungen möglichst sozial gerecht zu verteilen waren. Aber wie verteilt man allgemeine Lohnkürzungen um 25% sozial gerecht?

Damit soll andererseits nicht behauptet werden, dass Griechenland sich bei der Umsetzung der einzelnen Maßnahmen sonderlich geschickt angestellt hätte. Für eine Gesamtbewertung muss aber berücksichtigt werden, dass man der griechischen Bevölkerung letztlich Unmögliches abverlangt hat. Das Scheitern der im ersten Hilfspaket angemahnten Reformen wurde von den Griechen damit jedenfalls nicht allein verantwortet. Eine Wirtschaft lässt sich schlicht nicht umfassend gesund sparen und erst recht nicht in einem solch kurzen Zeitraum und bei wirtschaftlich so schwierigen Verhältnissen im Rest der Eurozone – auch dieser ging es insgesamt im Jahr 2010 ja alles andere als rosig.

Diese Zusammenhänge dürften zumindest noch Monate zuvor auch kaum umstritten gewesen sein, wie etwa die Reaktionen der USA aber auch Deutschlands nach Ausbruch der Finanzkrise deutlich machen. Beide Staaten verhinderten eine Rezession nämlich vor allem durch massive staatlich finanzierte Investitionsprogramme im Sinne eines *John Maynard Keynes*. Allein der „Emergency Economic Stabilization Act" (EESA) hatte in den USA ein Volumen von 700 Milliarden Dollar (!) – wohlgemerkt in einem Land, in dem bereits die Einführung einer allgemeinen Krankenversicherung als sozialistisches Teufelszeug gebrandmarkt wird. In Deutschland wurden zwei

Konjunkturprogramme mit einem Volumen von rund 64 Milliarden Euro aufgelegt, nicht zuletzt die gern zitierte „Abwrackprämie" findet hier ihren Ursprung. Insgesamt wird das Volumen der weltweit aufgesetzten Konjunkturprogramme auf rund 2000 Milliarden Dollar geschätzt. Und in Griechenland? Nichts. Kein von den Europartnern finanziertes Investitionsprogramm, keine griechische Abwrackprämie und auch sonst nichts. Nur die Aufforderung zu sparen, sparen, sparen. Warum aber sollte es in Griechenland ohne solche Investitionen klappen? Was war hier anders? Die Antwort ist schnell gefunden: Gar nichts war anders und deswegen sollte sich herausstellen, dass dieses erste Hilfsprogramm bereits deutlich vor 2013 aufgebraucht sein würde. Die Annahmen im Hinblick auf die Reformerfolge waren schlicht zu optimistisch gewesen. Tatsächlich hatte sich die soziale Situation seitdem eher verschlimmert und wirtschaftlich hatte sich ebenfalls keine signifikante Besserung eingestellt. Man war damit also bereits Ende 2011 wieder bei der Ausgangsfrage angelangt: Finanzielle Hilfen oder nicht? Nur dass man diesmal bereits 80 Milliarden bereitgestellt hatte, die man zu verlieren drohte, wenn man die Hilfen jetzt einstellte.

Immerhin: Die Probleme im europäischen Bankensektor hatten sich verringert – hier waren ja tatsächlich einige Milliarden von den europäischen Haushalten über den Umweg Griechenland in den Bilanzen angekommen. Eine Lösung für Griechenlands wirtschaftlichen und finanziellen Probleme war aber weiterhin nicht in Sicht – was ja kaum anders zu erwarten war und zwar selbst dann nicht, wenn Griechenland sofort versucht hätte alles eins zu eins umzusetzen was im MoU niedergelegt war. Allein im Jahr 2011 war die Wirtschaftsleistung vielmehr noch einmal um 7,1% geschrumpft, die Jugendarbeitslosigkeit lag bei rund 50%. Darüber hinaus wurden im Jahr 2012 Staatsanleihen im Wert von rund 30 Milliarden Euro fällig. Wie sollte Griechenland diese ohne Zugang zu den Finanzmärkten bedienen?

Vor diesem Hintergrund einigte man sich schnell auf weitere finanzielle Hilfen. Tatsächlich waren die Eurostaaten angesichts der Probleme in Spanien, Italien und Portugal in der Zwischenzeit auch nicht untätig geblieben, und hatten die „Europäische Finanzmarktstabilisierungsfazilität" (EFSF) – den ersten allgemeinen und nicht auf Griechenland bezogenen „Rettungsschirm" – gegründet und die Hilfsleistungen dadurch institutionalisiert. Vereinbarte Hilfsleistungen erfolgten dadurch nicht mehr bilateral zwischen den einzelnen Eurostaaten und Griechenland, sondern wurden direkt von der EFSF bereitgestellt, die die dafür notwendigen Mittel auf den Finanzmärkten aufnahm. Die Mitgliedstaaten der Eurozone bürgten jedoch für diese von der EFSF aufgenommenen und an Griechenland weitergereichten Kredite bis zu einer bestimmten Summe – Deutschland etwa bis zu einer Höhe von rund 211 Milliarden Euro. Der Sache nach änderte die Errichtung der EFSF mithin wenig, durch die Einigung auf eine gemeinsame Vorgehensweise wurde das gesamte Verfahren der Kreditvergabe jedoch erheblich vereinfacht und beschleunigt. Nicht geändert wurde dementsprechend auch die Verknüpfung der Hilfsleistungen mit detaillierten Reformauflagen, die nach Art. 2 des EFSF-Rahmenvertrages nunmehr von der Kommission mit dem antragstellenden Staat – hier Griechenland – in Abstimmung mit der EZB und dem IWF von der Kommission verbindlich ausgehandelt wurden, letztlich freilich der Genehmigung durch die Eurostaaten bedurften.

Auch inhaltlich änderte sich hier allerdings wenig. Erneut waren keine Investitionsprogramme, sondern vornehmlich Sparauflagen vereinbart worden, die nun von einer dauerhaft in Athen ansässigen Troika überwacht werden sollten. Auch die Einführung einer Vermögensteuer war weiterhin nicht vorgesehen. Buchstäblich in letzter Sekunde konnte sich auf die Details der Rettung geeinigt werden, so dass das zweite Hilfspaket mit einem Gesamtvolumen von 130 Milliarden Euro – erneut ausgezahlt in Tranchen nach Überprüfung durch die Troika – Ende Februar 2012 und damit nur wenige Wochen vor einer Pleite Griechenlands beschlossen werden konnte. Im Gegenzug wurden bereits Anfang 2012 der Mindestlohn in Griechenland um 22% und die Zusatzrenten um 15% gekürzt und weitere 15.000 Personen bis zum Ende des Jahres aus dem Staatsdienst entfernt. Nur zur Erinnerung: Wir reden stets von realen Kürzungen. In Deutschland sind die Löhne in den letzten Jahren allenfalls nominal gesunken – die Konsequenzen einer realen und sofortigen Absenkung dieses Ausmaßes – und zwar praktisch flächendeckend und nicht auf einzelne Branchen begrenzt – möchte man sich lieber nicht ausmalen. Dass die Troika in Griechenland vor dem Hintergrund dieser Auswirkungen in den Worten *Schäubles* bei einigen Griechen „negativ besetzt" war, wird dadurch zumindest nachvollziehbar.

Das alles war aber keineswegs das Ende der Fahnenstange. Jede neue Tranche nur gegen weitere Kürzungen. So folgten in Griechenland bereits Ende 2012 die nächsten Maßnahmen, um die anstehende Tranche zu erhalten. Diesmal wurde das Kindergeld für Familien mit einem Einkommen über 18.000 Euro vollständig gestrichen, im öffentlichen Dienst wurden die Gehälter bis zu 20% gekürzt, das Rentenalter wurde auf 67 angehoben und im Gesundheitswesen sollten 1,5 Milliarden eingespart werden. Normaler Kürzungsalltag in Athen. In Deutschland: Unvorstellbar (schon die Erhöhung des Rentenalters ist aktuell ja kaum zu machen). Angesichts dieser Umstände weiter von jammernden Griechen zu sprechen, die sich nicht so anstellen sollen, erweist sich geradezu als zynisch.

Das zweite Hilfspaket umfasste freilich noch eine weitere Besonderheit: Einen Schuldenschnitt, durch den erstmals auch private Gläubiger an der Rettung Griechenlands beteiligt werden sollten, der allerdings formal freiwillig erfolgen musste (denn ein erzwungener Forderungsverzicht wäre mit der Insolvenz Griechenlands gleichzusetzen gewesen; das aber wollte man ja unbedingt vermeiden). Daher wurde den Inhabern der Staatsanleihen folgendes „Angebot" gemacht: Sie tauschen ihre bestehenden Anleihen gegen neue, mit längeren Laufzeiten und geringeren Zinsen, deren Rückzahlung jedoch in einer Gesamthöhe von 30 Milliarden durch die Eurostaaten garantiert wird. Von den 130 Milliarden des zweiten Hilfspakets waren also 30 Milliarden für diese Absicherung vorgesehen. Faktisch verzichteten die privaten Gläubiger damit auf gut 70% ihrer Forderungen. Die restlichen 30% wären aber praktisch garantiert gewesen – angesichts der Unsicherheit im Hinblick auf die finanzielle Situation und wohl auch aufgrund des besonderen politischen Drucks, ließ sich der Großteil der Gläubiger – rund 85% – gleichwohl auf dieses auf den ersten Blick eher schlechte Geschäft ein. Die Staatsverschuldung Griechenlands konnte dadurch auf einen Schlag um rund 107 Milliarden Euro reduziert werden.

Ein drittes Hilfspaket – welches nunmehr formal mit dem Europäischen Stabilitätsmechanismus ESM abzuschließen wäre, der die EFSF als dauerhafte Institution mittlerweile abgelöst hat, ist mit Griechenland bisher noch nicht vereinbart worden. Auf die Auszahlung der letzten Tranche des zweiten Hilfspakets verzichtete Griechenland mit dem Rauswurf der Troika zunächst sogar, obwohl es absehbar war, dass spätestens im März 2015 wohl neue Hilfen notwendig sein würden, da eine vollständige Rückkehr an die Finanzmärkte noch nicht möglich war und angesichts der mehr als unsicheren Verhältnisse wohl auch in den nächsten Monaten nicht möglich werden würde – der Zins für zehnjährige Anleihen lag im Februar 2015 bei rund 11%. 2014 hatte Griechenland noch kurzfristige Anleihen im Wert von immerhin 14 Milliarden Euro zu akzeptablen Bedingungen auf den Finanzmärkten platzieren können – Inhaber waren neben griechischen Banken vor allem internationale Hedgefonds. Diese Anleihen sollten nun aber demnächst fällig werden und es war völlig unklar, ob deren Ablösung durch neue kurzfristige Anleihen gelingen würde. Wer sollte solche Anleihen auch kaufen? Und im Laufe des Jahres 2015 würden auch Kredite aus den Rettungspaketen fällig werden. Bis Ende Juni 2015 waren allein an den IWF rund 4,7 Milliarden Euro zu überweisen. Und ab Juli 2015 würden weitere (von der EZB) gehaltene Anleihen fällig werden. Insofern nützte es zu diesem Zeitpunkt wenig, dass die Kredite der Mitgliedstaaten der Eurozone erst ab 2020 bzw. 2023 zurückgezahlt werden mussten und sogar Zinszahlungen größtenteils erst ab 2022 anfallen würden. Griechenland brauchte zumindest für die fälligen Anleihen neue finanzielle Hilfe. Um wenigstens die nächsten Monate bis zu einer endgültigen Lösung ruhig schlafen zu können, wahrscheinlich sieben bis acht Milliarden Euro.

Durch den „dirty-exit", also den Rauswurf der Troika und die damit einhergehende vorzeitige Beendigung des laufenden Hilfsprogramms, verschärfte die griechische Regierung die Situation dabei sogar noch einmal erheblich. Denn die EZB war seit dem 11. Februar 2015 aus diesem Grund nicht mehr bereit, griechische Staatsanleihen und von den Banken selbst ausgegebene Anleihen im Wert von rund 50 Milliarden Euro als Sicherheit für die Zuweisung von Zentralbankgeld anzuerkennen. Schon zuvor hatte sie das nur getan, weil sich Griechenland in einem Hilfsprogramm befand und das Insolvenzrisiko daher überschaubar erschien. Mit dem „dirty-exit" war das aber nun anders. Vornehmlich griechische Banken hatten damit nunmehr ein zusätzliches Problem: Denn um an frisches Zentralbankgeld zu kommen, welches sie benötigen, um ihre Kredite zu unterlegen, fehlten ihnen nun die erforderlichen Sicherheiten.[16] Die EZB drehte den griechischen Banken also gewissermaßen den Geldhahn zu. Ein sofortiger Zusammenbruch des griechischen Bankensystems drohte dadurch zwar nicht, denn es bestand die Möglichkeit, dass die griechische Zentralbank auf eigene Rechnung Notkredite zu einem etwas erhöhten

---

[16] Die Banken müssen die von Ihnen vergebenen Kredite aktuell mit mindesten 1% Zentralbankgeld hinterlegen. Dieses Zentralbankgeld erhalten die Banken dabei jeweils für einen relativ kurzen Zeitraum (regelmäßig eine Woche) gegen Sicherheiten von der EZB. nach Ablauf der Zuteilungsfrist geht sozusagen alles auf Anfang und der Prozess beginnt erneut. Wenn aber griechische Staatsanleihen als Sicherheiten ausfallen, müssten die griechischen Banken nun andere Sicherheiten für das nötige Zentralbankgeld hinterlegen. Aber welche sollten das sein?

Zinssatz[17] an die griechischen Banken vergibt (sog. ELA).[18] Tatsächlich hatte die EZB bereits im Jahr 2012 für etwa ein halbes Jahr entsprechend verfahren. Dennoch ist ELA nur für einen begrenzten Zeitraum gedacht[19] und der EZB-Rat hat die Möglichkeit, die Ausgabe solcher Kredite mit 2/3-Mehrheit jederzeit zu unterbinden, auch wenn er umgehend die Ausgabe entsprechender Kredite mit einem Volumen von bis zu 60 Milliarden Euro genehmigte, und dieses wenige Tage später sogar um rund acht Milliarden erhöhte.[20] Insgesamt aber sicherlich keine Verbesserung der ökonomischen Gesamtsituation, da diese Finanzspritze nur für wenige Wochen (wenn überhaupt) ausreichen würde. Die Rating-Agentur Moody's senkte dementsprechend bereits Anfang Februar die Bonität griechischer Staatsanleihen und drohte angesichts der deutlich gestiegenen „Pleitegefahr" bereits weitere Absenkungen an.

Die damit notwendige schnelle Einigung Griechenlands mit den europäischen Partnern stand Mitte Februar daher tatsächlich mehr als auf der Kippe, was auch am weiterhin durchaus frechen und provokativen Auftreten der griechischen Regierung lag. Erst am 20.2.2015 konnte daher eine endgültige Absage weiterer Hilfen und damit wohl auch ein faktischer Rauswurf Griechenlands aus der Eurozone buchstäblich in allerletzter Sekunde abgewendet werden. Die Europartner verständigten sich auf eine viermonatige Verlängerung des bisherigen Hilfsprogramms, um sich ein paar Monate Luft für grundlegende Verhandlungen zu „erkaufen", der Bundestag billigte

---

[17] Aktuell etwa 1,55%.
[18] Sogenannte Emergency Liquidity Assistance.
[19] Auf diesen Umstand hat *Jens Weidmann* unmittelbar nach der Entscheidung der EZB auch noch einmal ausdrücklich hingewiesen.
[20] Die Vergabe dieser Nothilfen war rechtlich nicht zu beanstanden. Ausgeschlossen wären sie nur, wenn die griechischen Banken bereits zu diesem Zeitpunkt als insolvent anzusehen gewesen wären. Wie die im Jahr 2014 durchgeführten Stresstests aber gezeigt haben ist das – entgegen der Ansicht von *Hans-Werner Sinn* – nicht der Fall. Wohltuend deutlich *M. Hellwig*, Der Vergleich hinkt, Süddeutsche Zeitung vom 23.2.2015, S. 18.

diese Entscheidung am 27.2.2015. Umfang: Rund 7,2 Milliarden Euro.[21] Die verlangten Reformauflagen blieben dabei zwar im Wesentlichen unverändert. Allerdings wurde der griechischen Regierung bei deren Ausgestaltung etwas mehr Einfluss zugestanden. Dementsprechend verschob sich der Fokus leicht: Die griechische Regierung setzte nun mit Billigung der Europartner vor allem auf eine Stärkung der Steuerbehörden (auch durch Errichtung eines Vermögensverzeichnisses), eine Bekämpfung der Korruption und eine Modernisierung der Verwaltungsstrukturen und damit auf eine Erhöhung der Einnahmen, wozu auch weitere Privatisierungen gehören sollen. Sparmaßnahmen sollten zwar weiterhin erfolgen, hier ging aber auch der Staat selbst mit gutem Beispiel voran: Weniger Ministerien (10 statt 16), weniger Berater, weniger Abgeordnetenentschädigung, weniger Dienstwagen. Vor allem aber fanden sich nun auch Maßnahmen zur Bekämpfung der „humanitären Krise", also Hilfen für die Ärmsten, Essensmarken und kostenlose Krankenversorgung. Besondere Investitionsprogramme suchte man indes weiterhin vergeblich. Details dieser teilweise noch vagen Vorschläge sollte die Regierung bis spätestens Ende April 2015 vorlegen, erst wenn diese Details überzeugen würde tatsächlich Geld fließen. Und überwacht werden würde die Durchführung nun zwar nicht mehr von der Troika, sondern von den „Institutionen", was in der Sache allerdings nichts änderte.

Bis zum Ablauf dieser Verlängerung Ende Juni 2015 bedarf es nun intensiver Verhandlungen zwischen der griechischen Regierung und den Europartnern, um eine abschließende Antwort auf die Frage zu finden: Was tun mit Griechenland, damit dieses Land wieder auf die Beine kommt und weitere Rettungspakete im Zwei-Jahres-Rhythmus zukünftig nicht mehr nötig sind? Genau darum soll es ja auch in den folgenden Kapiteln gehen.

---

[21] 1,8 Milliarden Euro aus der EFSF, 3,6 Milliarden vom IWF und 1,8 Milliarden von der EZB.

Zuvor aber noch ein kurzer und besonderer Blick auf die Europäische Zentralbank (EZB), die während der bisherigen Krisenzeit (also von 2010 bis heute) keineswegs untätig geblieben ist. Tatsächlich hat die Bedeutung fast aller Zentralbanken der Welt im Zusammenhang mit der Finanzkrise zugenommen und für die EZB gilt dies angesichts der anschließenden Eurokrise in besonderem Maße. Es dürfte sich heute jedenfalls kaum noch jemand finden, der mit dem Namen *Mario Draghi* oder *Jens Weidmann* nichts anfangen könnte. Zentralbanken werden seitdem auch in der Öffentlichkeit sehr viel bewusster als politische Akteure wahrgenommen – obwohl sie dies letztlich wohl schon immer waren.

Die EZB hatte vor dem Hintergrund der spätestens seit 2010 deutlich schwächelnden Eurozone zunächst einmal – und insoweit auch noch vergleichsweise unumstritten – Zinssenkungen vorgenommen, um auf diesem Weg für wirtschaftliche Belebung zu sorgen. Diesen Pfad hat sie seitdem nicht wieder verlassen und mittlerweile liegt der Zinssatz bei seinem historischen Tief von gerade einmal 0,5 % und dürfte dort wohl auch die nächste Zeit erst einmal bleiben. Das Problem war nur: Selbst bei diesen niedrigen Zinsen – die im Übrigen für Staaten wie Deutschland eindeutig zu niedrig waren – wollte niemand sein Geld in Griechenland investieren. Tatsächlich blieb die erhoffte Belebung der Wirtschaft größtenteils auch in den anderen Ländern aus – die unsichere Lage führte dazu, dass selbst billiges Geld nicht ausgeliehen wurde, da man nicht wusste, wo man dieses überhaupt noch sicher investieren sollte. Deutsche Staatsanleihen waren hier beinahe der einzige sichere Hafen, was dazu führte, dass Deutschland für seine Staatsanleihen zeitweise sogar negative Zinsen zahlen musste.

Was das heißt? Deutschland bekam das Geld nicht nur umsonst, sondern wurde sogar dafür bezahlt, wenn es Schulden aufnahm. Eine wahrlich absurde Situation, die aber zeigt, wie angespannt die Investitionslage im Euroraum in dieser Zeit war. Die gesamte Krise war eben kein Geld-, sondern vornehmlich ein Vertrauensproblem. Geld war also ausreichend da, es traute sich nur nicht aus seinem Versteck (wurde also entweder direkt bei der EZB geparkt oder in praktisch keine Rendite bringenden deutschen Staatsanleihen gesteckt). Die Geldpolitik der EZB wirkte sich also nicht mehr so aus, wie das eigentlich zu erwarten gewesen wäre. In den Worten der EZB: Es kam zu erheblichen Störungen des geldpolitischen Transmissionsmechanismus. Um diese durch eine Beruhigung der Finanzmärkte wieder zu beheben, griff die EZB daher bereits im Mai 2010 zu einer geldpolitisch eher unkonventionellen Maßnahme und kaufte im Rahmen des sogenannten Securities Market Programme (SMP) Staatsanleihen in einem Gesamtvolumen von rund 210 Milliarden Euro vom Sekundärmarkt von verschiedenen Mitgliedstaaten auf, um dadurch das generelle Vertrauen in die Stabilität der Währungsunion wiederherzustellen. Sie erwarb diese Anleihen also nicht direkt von Griechenland und anderen Staaten, sondern von privaten Inhabern dieser bereits zuvor platzierten Anleihen – den betroffenen Staaten kam durch diese Aktion mithin kein einziger zusätzlicher Cent zu.[22] Gekauft wurden dabei neben griechischen (ca. 31 Milliarden Euro) noch Anleihen folgender Staaten: Italien (99 Milliarden Euro), Spanien (44 Milliarden Euro), Portugal (22 Milliarden Euro) und Irland (14 Milliarden Euro).

Diese erste Aktion führte schließlich tatsächlich zu einer gewissen Beruhigung der Finanzmärkte. Gleichwohl blieb die Situation trotz der stetigen Zinssenkungen angespannt und drohte Mitte 2012 im Zusammenhang mit dem zweiten griechischen Hilfspaket erneut zu eskalieren. In dieser Situation entschied sich *Mario Draghi* daher gegen den Willen insbesondere des deutschen Bundesbankpräsidenten zu einem ebenso mutigen und riskanten wie – das wird man mittlerweile sagen kön-

---

[22] Solche Anleihekäufe sind zwar unkonventionell aber keineswegs neu. Es handelt sich vielmehr um ein durchaus tradiertes geldpolitisches Instrument auf das auch die Bundesbank zurückgegriffen hat. Siehe insoweit etwa den Nachweis bei *P. Bofinger*, Zurück zur D-Mark?, S. 118 f. Es wäre also völlig verfehlt, der EZB zu unterstellen, die hätte mit den Anleihekäufen geldpolitisches Neuland betreten.

nen – erfolgreichen Schritt: Er kündigte ein weiteres und unbegrenztes Staatsanleihekaufprogramm (sog. OMT-Programm)[23] für vom Bankrott bedrohte Staaten an, welches jedoch nur zur Anwendung kommen sollte, soweit sich dieser Staat in einem Hilfsprogramm des ESM befindet und sofort auslaufen sollte, wenn der betreffende Staat sich nicht an die vereinbarten Konditionen halten sollte. Solange dies aber der Fall wäre, so *Mario Draghi*, würde die EZB bereit sein, „alles zu tun was nötig ist, um den Euro zu erhalten. „Und glauben Sie mir, so *Draghi* weiter, „es wird genug sein."

Diese für einen Zentralbankpräsidenten bemerkenswert klaren Worte sollten ihre Wirkung nicht verfehlen – und zwar ohne dass bis zum heutigen Tag auch nur eine einzige Anleihe nach diesem Programm gekauft worden wäre. Die bloße Ankündigung reichte. Die Finanzmärkte spekulierten schlagartig nicht mehr auf die Insolvenz eines oder mehrerer Eurostaaten und gaben den betroffenen Staaten daher die nötige Zeit für Reformen. Bei den meisten Staaten – allen voran Irland, aber auch Portugal und Spanien – sollte diese Zeit denn wohl auch ausreichen, um die nötigen Reformen durchzuführen. Dass dies bei Griechenland nicht der Fall war, ja wohl nicht der Fall sein konnte, ist oben bereits deutlich geworden.

Gleichwohl waren und sind diese Maßnahmen der EZB weiterhin ökonomisch außerordentlich umstritten, ein Streit, der gern mit dem Dualismus Nordländer versus Südländer beschrieben wird. Das OMT-Programm hat sogar ein rechtliches Nachspiel gehabt, auf dessen Einzelheiten ich sogleich eingehen werde. Die EZB hat sich von all dem freilich nicht abschrecken lassen und nun sogar den nächsten Schritt gewagt: Im Januar 2015 hat sie angekündigt, ab März 2015 monatlich Staatsanleihen der Euroländer im Wert von 60 Milliarden Euro zu erwerben, um auf diese Weise die Inflation wieder anzuheizen und eine Deflation zu verhindern. Diese Maßnahme – auch als Quantitative Easing (QE) bezeichnet – war in ähnlicher Form

---

[23] Outright Monetary Transactions.

nicht zuletzt in den Vereinigten Staaten und Großbritannien überaus erfolgreich, ist insbesondere in Deutschland aber erneut überaus umstritten. Da beim QE indes im Grundsatz Staatsanleihen aller Eurostaaten nach einem bestimmten Schlüssel erworben werden, also nicht einzelne Staaten gezielt gestützt werden, werden insoweit allein ökonomische aber nur sehr vereinzelt rechtliche Einwände erhoben.[24] Für Griechenland bringt dieses Programm aktuell ohnehin nichts: Denn die in Betracht kommenden Staatsanleihen müssen bestimmten Bonitätsanforderungen genügen, die Griechenland aktuell allerdings weit verfehlt. Gekauft werden von der EZB seit März 2015 daher hauptsächlich Staatsanleihen eines anderen Mitgliedstaats: Deutschland.

---

[24] Vor allem *Hans-Werner Sinn* erhebt solche Einwände. Darauf werde ich im nächsten Kapitel zurückkommen.

4. Einige Worte zum Recht

Als Rechtswissenschaftler ist es mir an dieser Stelle wichtig, einige Worte dazu zu verlieren, ob bzw. inwieweit die soeben skizzierten Maßnahmen eigentlich rechtlich zulässig waren. In den Zeitungen und den sonstigen Medien liest und sieht man dazu erstaunlich viel, die ominöse „No-Bail-Out-Klausel" des Unionsvertrags genoss im Jahre 2010 sogar das zweifelhafte Privileg, die Titelseite der Bild-Zeitung zu zieren – offenkundig um für jeden Leser deutlich zu machen, in welch gravierender Weise das Recht (hier der Artikel 125 des AEU-Vertrages) im Zuge der europäischen Rettungsbemühungen mit Füßen getreten wurde. Und auch renommierte Ökonomen (*Hans-Werner Sinn, Max Otte*) und einzelne Politiker (*Frank Schaeffler*) betonen in ihren Interviews und Talkshowauftritten immer wieder, die rechtliche Unvereinbarkeit der einzelnen Maßnahmen mit europäischen Vorgaben. Bisweilen scheint sich die gesamte Diskussion – etwa im Hinblick auf die Geldpolitik der EZB – sogar fast vollständig auf diese Frage zu reduzieren, wobei an großen Worten kaum gespart wird: *Wolfgang Streeck* spricht diesbezüglich etwa von „rechtsverdreherischer Gesetzesumgehung" und sogar von „Rechtsbeugung".[25]

Um es vorweg zu nehmen: Rechtsverstöße, erst recht offenkundige im streeck'schen Sinne, hat es im Zusammenhang mit der Eurorettung praktisch nicht gegeben und die ständige Wiederholung vermeintlich offenkundiger Rechtsverletzungen vermag daran nichts zu ändern. Allenfalls wird man über punktuelle Rechtsverstöße reden können, die es dann – gerade als Rechtswissenschaftler – auch deutlich zu kritisieren gilt. Der überwiegende und wesentliche Teil der ergriffenen Maßnahmen – vom Rettungsschirm bis zum OMT-Programm – waren europarechtlich letztlich nicht zu beanstanden, was für einige

---

[25] *W. Streeck*, Gekaufte Zeit, S. 227.

Bereiche auch gerichtlich bereits festgestellt worden ist[26] (ein Umstand, der gerade die deutsche Debatte indes wenig zu interessieren scheint). Dieses Ergebnis dürfte nicht zuletzt die FAZ-Leser überraschen und ich werde es daher im Folgenden auch im Einzelnen näher zu begründen versuchen.

Bevor ich das jedoch tue, möchte ich zunächst der grundlegenderen Frage nachgehen, warum das Recht gerade in dieser Debatte eine solch prominente Rolle spielt. Wie kommt also die Bild-Zeitung dazu, eher technische und vor allem schwer verständliche Normen der europäischen Währungsunion wie Art. 125 AEUV auf ihrer Titelseite zu zitieren? Man wird den Lesern dieser Zeitung wohl nicht zu nahe zu treten, wenn man dies zumindest als ungewöhnlich bezeichnet. Und wieso betonen auch Ökonomen wie *Hans Werner Sinn* oder *Max Otte* immer wieder, dass praktisch alle Maßnahmen offensichtlich rechtswidrig waren und zwar mit aus juristischer Perspektive bisweilen geradezu haarsträubenden Begründungen, die ich jedenfalls meinen Jura-Studierenden nicht durchgehen lassen würde? In anderen Diskussionen spielt das Recht zumindest in der öffentlichen Debatte keine solche Rolle (und das ist auch gut so, wenn man das zu Teil vorherrschende Debattenniveau in diesem Fall betrachtet).

Die Antwort auf diese Frage hängt meines Erachtens mit der Umstrittenheit der ergriffenen Rettungsmaßnahmen aus ökonomischer Sicht zusammen. Erneut mag dieser Befund überraschen, aber die Ökonomie ist in dieser Frage tatsächlich überaus gespalten – und zwar auch und gerade in Deutschland. Der bisweilen etwas andere Eindruck, den man aus den Medien gewinnen mag, liegt vor allem daran, dass die Gegner der Rettungspolitik ihre Kritik besonders lautstark artikulieren. Die Lautstärke des Protests sagt freilich noch nichts darüber aus, wie sich das Meinungsbild im Übrigen darstellt. Ebenso falsch wäre es daher aus einem öffentlichkeitswirksamen Phänomen

---

[26] Siehe nicht zuletzt das Urteil des EuGH vom 27.11.2012 in der Rechtssache Pringle (C-370/12).

wie PEGIDA auf eine grundsätzlich islamfeindliche Gesinnung der deutschen Bevölkerung zu schließen. Ein Blick in die ökonomische Fachliteratur offenbart vielmehr, dass auch namhafte deutsche Ökonomen – genannt seien etwa der Wirtschaftsweise *Peter Bofinger* oder *Marcel Fratzscher* – ganz andere Ansichten vertreten, als etwa *Hans-Werner Sinn*, dem Hausökonomen der FAZ. Nimmt man die europäische Perspektive ein, dürfte sich die Position *Sinns* sogar als Mindermeinung, im Hinblick auf das Vorgehen der EZB vielleicht sogar als extreme Minderheitenposition einordnen lassen.

Eine solche Umstrittenheit in der Sache ist für Ökonomen, die auf eine Politikänderung drängen, allerdings überaus misslich. Denn solange die beiden Lager Ansichten vertreten, die man zumindest als nicht völlig abwegig ansehen kann, können sich auch die politischen Entscheidungsträger auf beide Ansichten stützen. Es gibt für diese jedenfalls keinen Grund, das eine oder das andere Lager zwingend als den Vertreter der Wahrheit anzusehen, dem daher allein zu folgen wäre. Gerade in der Ökonomie sind solche Lagerbildungen keineswegs sonderlich selten. In praktisch allen großen Debatten finden sie sich, angefangen bei den Keynesianern und Monetaristen, die im Hinblick auf die Erfordernisse staatlicher Konjunkturpolitik geradezu gegenteilige Ansichten vertreten. Wem aber soll man als politischer Entscheidungsträger in einer solchen Situation folgen? Den jeweiligen Lagervertretern fehlt hier sozusagen das „Totschlagsargument", mit dem der Streit für sich entschieden werden kann. Empirische Daten werden beide Seiten präsentieren können, gleiches gilt für die berühmten ökonomischen Modelle, die im Ergebnis eben nur leider zu diametral entgegengesetzten Schlussfolgerungen führen. Wer aber hat denn nun Recht?

Und das ist dann auch schon das richtige Stichwort. Denn genau an dieser Stelle kommt tatsächlich das Recht ins Spiel. Es kann nämlich genau dieses Totschlagsargument liefern, mit dem alle Diskussionen gestoppt und zugunsten des Lagers entschieden werden, das auf der Seite des Rechts steht. Auf die ökonomische Vertretbarkeit der anderen Ansicht kommt es dann schlicht nicht mehr an. Was Unrecht ist, darf auch von politischen Entscheidungsträgern als Option nicht in Erwägung gezogen werden und zwar selbst dann nicht, wenn sich solche Maßnahmen möglicherweise als ökonomisch zweckmäßig präsentieren sollten. Es kommt auch nicht mehr darauf an, ob sich sogar die Mehrheit für solche Maßnahmen ausspricht. Das Recht setzt sich durch. Immer. Er wirkt da wo es Grenzen setzt als absoluter „Diskussionsbeendiger". Die finanzielle Unterstützung Griechenlands mag man wollen. Ist sie aber rechtlich unzulässig, findet sie nicht statt. Ende. Anleihekäufe zur Stabilisierung der Finanzmärkte durch die EZB? Gute Idee, aber leider, leider nicht zulässig. Schade. Da kann man nichts machen.

Und diese Funktion des Rechts soll an dieser Stelle auch gar nicht bestritten werden. Recht setzt Grenzen und diese Grenzen gilt es zu beachten. Diese Funktion des Rechts kann freilich dazu verleiten, sein Heil allzu schnell im Recht zu suchen, das Recht also für die Durchsetzung der eigenen Auffassung (Ideologie?) zu instrumentalisieren, indem man behauptet, dass das Recht genau diese Auffassung zur einzig zulässigen erklärt. Jede Diskussion ist dann nicht nur überflüssig, sondern ebenso unzulässig, solange das Recht nicht geändert wird. Für eine Demokratie kann sich ein solches Vorgehen überaus negativ auswirken. Denn da, wo das dem politischen Diskurs unmittelbar entzogene, weil höherrangige Recht – also etwa das Grundgesetz oder die Unionsverträge[27] – ein Ergebnis bereits eindeutig vorgibt, braucht es keinen Streit, braucht es keine Auseinandersetzung und keinerlei politische Debatte. Davon aber lebt die

---

[27] Das Recht der Unionsverträge geht dem nationalen Recht, grds. auch dem Verfassungsrecht, vor und kann nur in einem sehr aufwendigen Verfahren geändert werden. Siehe dazu insgesamt nur *A. Thiele*, Europarecht, § 3 und § 6. Daher kann dieses Recht auch nicht einfach angepasst werden, wenn man politische Maßnahmen er-greifen will, die mit den Unionsverträgen nicht vereinbar sind. Innerstaatlich gilt für die Verfassung, das Grundgesetz, nichts anderes. Auch hier ist eine Änderung der Verfassung nur schwer und jedenfalls nicht kurzfristig möglich, so dass das Verdikt der Verfassungswidrigkeit die Realisierung einer Maßnahme prinzipiell unmöglich macht.

Demokratie. Streit bildet gewissermaßen den Sauerstoff, ohne den ein demokratisches Gemeinwesen zu ersticken droht – ein Umstand, der gegenwärtig in Vergessenheit zu geraten scheint. Tatsächlich sind erste Erstickungserscheinungen auch bereits spürbar.

Ein Beispiel aus Deutschland mag das grundsätzliche Problem verdeutlichen: Im Zusammenhang mit dem 11. September wurde heftig darüber diskutiert, ob und unter welchen Umständen es auch in Deutschland zulässig sein sollte, ein zur Waffe umfunktioniertes Passagierflugzeug durch das Militär abschießen zu lassen. Ein solcher Abschuss würde zwangsläufig zu zahlreichen Todesopfern führen und keine Bundesregierung würde eine solche Entscheidung leichtfertig treffen. Wenn aber ein solchermaßen entführtes Flugzeug nun droht, in einer Innenstadt mit tausenden von Einwohnern abzustürzen? Oder in ein ausverkauftes Fußballstadion? Sollte es dann nicht zumindest möglich sein, einen Abschuss als absolut letztes Mittel in Erwägung zu ziehen? Eine solche Situation ist rechtlich kaum regelbar und mit den politischen Entscheidungsträgern wird wohl niemand tauschen wollen.

Das mit dieser Frage befasste Bundesverfassungsgericht hat diese Diskussion ein für alle Mal beendet. Danach kann es eine solche Regelung schon deshalb nicht geben, da der Abschuss unbeteiligter Passagiere als Verstoß gegen die Menschenwürde in jedem Fall unzulässig wäre. Damit ist diese Frage also geklärt. Aber ist sie das wirklich? Wäre es nicht besser, über diese Frage im Parlament zumindest offen diskutieren zu können? Schon eine solche Diskussion ist jetzt aber nicht mehr möglich. In der juristischen Literatur ist diese Frage hoch umstritten. Es wäre für das Bundesverfassungsgericht damit zweifellos möglich gewesen, diese Frage auch anders zu entscheiden. Wäre das für die Demokratie nicht besser gewesen?

Nun mag dies ein besonderer Fall gewesen sein, dessen Praxisrelevanz sich sicher in Grenzen hält. Aber gilt das auch für eine Frage wie den Schwangerschaftsabbruch? Und lässt sich dem Grundgesetz tatsächlich entnehmen, dass dieser jedenfalls im Grundsatz stets strafbewehrt sein muss, wie es das Bundesverfassungsgericht festgestellt hat? Obwohl der Begriff Schwangerschaftsabbruch – wie kaum anders zu erwarten – im gesamten Grundgesetz an keiner Stelle vorkommt?

In letzter Zeit mehren sich solche Entscheidungen des Bundesverfassungsgerichts, die dem Grundgesetz starre Vorgaben für den politischen Prozess entnehmen, deren Existenz bei unbefangener Lektüre des Grundgesetzes jedenfalls überrascht. Dem Bundesverfassungsgericht fällt es offenkundig immer schwerer zu akzeptieren, dass das Grundgesetz zu einer politisch umstrittenen Frage möglicherweise eben keine Antwort enthält – vielleicht auch weil es die an sich gerichteten Erwartungen in der Bevölkerung nicht enttäuschen will. Nicht zuletzt dem europäischen Integrationsprozess werden dadurch – zuletzt durch das Lissabon-Urteil – immer mehr verfassungsrechtliche Steine in den Weg geworfen.

Die Bürgerinnen und Bürger begrüßen viele dieser Entscheidungen. Wir sollten uns dabei aber zugleich klar machen, dass das Bundesverfassungsgericht auf diesem Wege eben auch den politischen Prozess beeinträchtigt. Was in Karlsruhe entschieden wird, ist entschieden. Warum aber trauen wir diesen 16 Richterinnen und Richtern offenkundig so viel mehr, als dem von uns direkt gewählten Bundestag? Absolute Wahrheit gibt es nicht – auch das Bundesverfassungsgericht kennt sie nicht – und wir tun insofern gut daran, Entscheidungen, die wir treffen, reversibel und offen zu halten. Gestaltende Politik ist schlicht nicht mehr möglich, wenn das bestehende Recht schon alles endgültig vorgibt und jedes Problem löst. Politik verkommt dann zur bloßen Verfassungsvollziehung, deren Aufgabe allein darin besteht, das normativ vorgegebene Programm nach den Anweisungen des Bundesverfassungsgerichts zügig umzusetzen. Für diejenigen, die mit diesem vermeintlichen Programm zufrieden sind, mag das in Ordnung erscheinen. Tatsächlich werden aber auch sie damit langfristig nicht leben können. Denn Ende des Streits bedeutet eben notwendig auch Ende der Demokratie.

Das heißt andererseits natürlich nicht, dass das Recht der Politik keinerlei Vorgaben machen dürfte oder sollte. Auch der politische Prozess läuft im Rechtsstaat – und auch die Europäische Union muss rechtsstaatlichen Grundsätzen genügen und genügt diesen auch – natürlich nicht im rechtsfreien Raum ab. Vor allem im Verhältnis zum Bürger werden durch die Grundrechte vielmehr sichtbare und wirksame Grenzen gesetzt.

Gerade in politisch brisanten Fragen tut das die Politik leitende Recht aber gut daran, sich nach Möglichkeit zurück zu halten, um dem politischen Prozess Raum zu geben. Es sollte also als wirklicher Rahmen agieren, der stets verschiedene Lösungen ermöglicht und sich für keine ideologische Ansicht missbrauchen lässt. Diese Rahmenfunktion gilt es bei der Auslegung des Rechts im Hinterkopf zu behalten. Dort, wo das Recht eindeutig ist, wo es dem politischen Prozess klare Grenzen setzt, müssen diese auch benannt und angemahnt werden. Eine solche Endgültigkeit des Rechts darf jedoch nicht allzu leichtfertig angenommen werden. Oftmals werden verschiedene Interpretationen möglich sein, ist das Recht bei genauer Analyse also nicht so eindeutig und klar, wie es bei flüchtiger Lektüre der Fall sein mag. In diesen Fällen tut der Interpret gut daran, diese Offenheit des Rechts klar zu benennen.

Das ist dann gerade kein Mangel des Rechts, den es für den Interpreten (also vor allem das Bundesverfassungsgericht oder den EuGH) durch Festlegung auf eine der Interpretationen zu beheben gälte. Es handelt sich vielmehr um eine Aufgabenzuweisung an die Politik, über den aus ihrer Perspektive richtigen Weg zu entscheiden. Das Recht beantwortet diese Frage dann nicht, sondern verhält sich neutral. Das Recht und auch dessen Interpreten werden schlicht überfordert, wenn man erwartet, dass es diese sämtliche gesellschaftlich hoch brisanten Fragen umfassend und eigenständig entscheidet – der Vorlagebeschluss des Bundesverfassungsgericht bezüglich des OMT-Programms der EZB hat dies mehr als deutlich gemacht.[28]

Damit ist aber auch klar, dass die Tatsache, dass eine bestimmte Handlung rechtmäßig ist, noch nichts darüber aussagt, ob sie auch als sinnvoll oder zweckmäßig angesehen werden kann. Wenn das Bundesverfassungsgericht den Abschuss eines Passagierflugzeugs als ultima ratio also zugelassen hätte, so bedeutete dies gerade nicht, dass es diesen Weg auch gutheißen würde. Der Politik stünde es vielmehr frei, eine solche Ermächtigung nicht vorzusehen. Entschieden wäre durch ein solches Urteil gerade noch nichts. Die Verfassung würde in einem solchen Fall also den Abschuss nicht verlangen, sondern ihn nur ermöglichen, wenn er für politisch richtig gehalten würde. Das Recht überlässt die Verantwortung für die Zweckmäßigkeit einer erlaubten Handlung ausschließlich den politischen Entscheidungsträgern, die sich dieser mit einem Verweis auf das Recht oder eine gerichtliche Entscheidung des Bundesverfassungsgerichts nicht entledigen können. Auch wenn ich also im Folgenden darlegen werde, dass die bisher ergriffenen Maßnahmen jedenfalls im Wesentlichen rechtmäßig waren, heißt das gerade nicht, dass ich sie auch alle für richtig halten würde. Diese beiden Ebenen (Rechtmäßigkeit/Zweckmäßigkeit) gilt es vielmehr strikt zu unterscheiden, was aber gerade in der öffentlichen Debatte nicht mehr hinreichend beachtet wird. Rechtmäßig wird hier allzu oft mit zweckmäßig verwechselt, was in der Praxis dazu führt, dass nach gerichtlichen Urteilen, die eine bestimmte Maßnahme für rechtmäßig erklären, eine Debatte über die Zweckmäßigkeit der Maßnahme selbst mit einem Verweis auf das Urteil beendet und für die Zukunft unterbunden wird. Auch das ist im Übrigen eine für die Demokratie überaus schlechte Nachricht.

Wie sieht es also nun mit dem rechtlichen Rahmen aus, den

---

[28] Siehe zu diesem die kritischen Anmerkungen von *W. Heun*, Eine verfassungswi-drige Verfassungsgerichtsentscheidung, Juristenzeitung 2014, 331 ff. sowie *A. Thiele*, Friendly or Unfriendly Act?, German Law Journal 15 (2014), 241 ff.

die europäischen Verträge für die Eurorettung ziehen? Auf alle Fragen kann hier zwangsläufig nicht eingegangen werden. Es soll daher genügen, vor allem diejenigen aufzugreifen, die auch in den Medien immer wieder beleuchtet werden. Insofern möchte ich mich auf die bereits erwähnte „No-Bail-Out-Klausel" (a) und die Vorgaben für die Europäische Zentralbank beschränken (b).

No-Bail-Out – oder doch?
Die Tatsache, dass die Rettungsmaßnahmen die sog. No-Bail-Out-Klausel der Unionsverträge verletzt haben, wird in der deutschen Debatte nur noch selten angezweifelt. Politiker wie *Frank Schaeffler* und Ökonomen wie *Max Otte* werden nicht müde auf die offenkundige Verletzung dieser Norm hinzuweisen, um anschließend resignativ festzustellen, dass es mit der europäischen Rechtsgemeinschaft nicht allzu weit her sei. Entsprechende Aussagen sind ein mustergültiges Beispiel für die oben angesprochene und völlig verfehlte Instrumentalisierung des Rechts für eigene Zwecke. *Frank Scheffler* und auch *Max Otte* halten die Rettungsmaßnahmen, insbesondere die Kreditvergabe an die notleidenden Staaten der Eurozone für falsch. Das sei ihnen auch unbenommen. Und ebenso unbenommen sei ihre Einschätzung, dass die von ihnen vertretene Ansicht natürlich die einzig richtige ist. Wer würde das über die eigene Auffassung auch nicht behaupten? Nur: Das bedeutet eben nicht, dass auch das Recht ihre Auffassung als die einzig richtige ansieht und ihnen dadurch unterstützend unter die Arme greift. Genau das haben beide indes immer wieder behauptet und werden auch heute nicht müde es zu behaupten. Dass diese Frage schon vor der Eurorettung in der juristischen Literatur höchst umstritten war, wird von ihnen mit keinem Wort

erwähnt.²⁹ Dass der Europäische Gerichtshof überdies mittlerweile festgestellt hat – und zwar in einer überaus seltenen Plenarentscheidung, an der also sämtliche Richterinnen und Richter mitgewirkt haben –, dass die „No-Bail-Out-Klausel" tatsächlich nicht verletzt wurde, wird ebenso verschwiegen. Und auch in zahlreichen Leitmedien wird dieses Urteil schlicht ignoriert oder allenfalls mit einem Verweis darauf erwähnt, dass von diesem befangenen EU-Gericht doch wohl nichts anderes zu erwarten gewesen wäre. Nur zur Erinnerung: Die unlängst erfolgte Aufhebung der Richtlinie zur Vorratsdatenspeicherung durch ebendieses Gericht, oder die Ausdehnung der Fluggastrechte werden natürlich gern akzeptiert. Der Begriff Rosinenpickerei liegt insoweit nahe: Der EuGH ist offensichtlich immer nur dann „unbefangen", wenn einem das Urteil gefällt.

Andererseits ist es natürlich durchaus zutreffend, dass sich auch ein EuGH einmal irren kann (auch wenn die Mitwirkung aller damals Richterinnen und Richter die Gefahr einer völlig verfehlten Entscheidung deutlich minimieren dürfte).³⁰ Aus diesem Grund, also weil auch Gerichte wie der EuGH irren können, soll sich aber an dieser Stelle nicht mit einem bloßen Verweis auf dieses Urteil begnügt werden, aus dem sich die

---

²⁹ Klassisch verfehlt insoweit die Ausführungen bei *Max Otte*, Stoppt das Euro Desaster!, S. 28, in denen Otte einen Verstoß gegen Art. 125 AEUV und Art. 123 AEUV einfach behauptet, ohne die Normen zu zitieren oder in sonstiger Weise näher zu beleuchten.

³⁰ Dass sich Gerichte „irren" können, ist unbestreitbar. Hier sind allerdings zwei Ebenen zu unterscheiden. So kann man eine Entscheidung als unzutreffend ansehen, wenn sie nicht der eigenen Auffassung folgt. Solange die vom Gericht getroffene Entscheidung aber zumindest als rechtlich vertretbar erscheint, liegt gleichwohl kein Fehlurteil im eigentlichen Sinne vor. Das Gericht hat sich dann streng genommen auch nicht geirrt, sondern ist lediglich einer anderen (vertretbaren) Ansicht gefolgt. Zu einem Fehlurteil wird eine gerichtliche Entscheidung erst dann, wenn sich diese unter keinem rechtlichen Gesichtspunkt mehr rechtfertigen lässt. Das wird man frei-lich nur in extremen Ausnahmefällen annehmen können und kommt daher jedenfalls in der Praxis auch nur sehr selten vor. In die Nähe eines solchen Fehlurteils rückt m.E. etwa die OMT-Vorlageentscheidung des Bundesverfassungsgerichts. Sie ist denn auch aus diesem Grund etwa von *Werner Heun* tatsächlich als verfassungswidrig eingestuft worden, sieh W. *Heun*, Eine verfassungswidrige Verfassungsgerichts-entscheidung, Juristenzeitung 2014, 331 ff.

Rechtmäßigkeit der Kreditvergabe ja – jedenfalls für die Praxis – ergibt. Gezeigt werden soll vielmehr, dass und warum sich der Europäische Gerichtshof auch tatsächlich nicht geirrt, sondern – auch angesichts der obigen allgemeinen Erwägungen – ganz richtig entschieden hat.

Dazu bedarf es – und diese Mühe sollte man sich schon machen, bevor man die Rechtswidrigkeit lautstark vertritt – zunächst einmal eines Blickes auf die Norm, um die es eigentlich geht, nämlich Art. 125 des Vertrags über die Arbeitsweise der Europäischen Union, kurz AEUV (ein solcher Blick auf den Normtext versteht sich aus juristischer Perspektive von selbst; ob Art. 125 AEUV aber tatsächlich von jedem gelesen wurde, der offen dessen Missachtung rügt, dürfte andererseits zu bezweifeln sein). Der entscheidende Absatz 1 dieser Norm lautet folgendermaßen:

„Die Union haftet nicht für die Verbindlichkeiten der Zentralregierungen, der regionalen oder lokalen Gebietskörperschaften oder anderen öffentlich-rechtlichen Körperschaften, sonstiger Einrichtungen des öffentlichen Rechts oder öffentlicher Unternehmen von Mitgliedstaaten und tritt nicht für derartige Verbindlichkeiten ein; dies gilt unbeschadet der gegenseitige finanziellen Garantien für die gemeinsame Durchführung eines bestimmten Vorhabens. Ein Mitgliedstaat haftet nicht für die Verbindlichkeiten der Zentralregierungen, der regionalen oder lokalen Gebietskörperschaften oder anderen öffentlich-rechtlichen Körperschaften, sonstiger Einrichtungen des öffentlichen Rechts oder öffentlicher Unternehmen eines anderen Mitgliedstaats und tritt nicht für derartige Verbindlichkeiten ein; die gilt unbeschadet der gegenseitigen finanziellen Garantien für die gemeinsame Durchführung eines bestimmten Vorhabens."

Was auch bei einer flüchtigen Lektüre zunächst auffällt: Der Begriff „No-Bail-Out" kommt an keiner Stelle des Normtextes vor. Und auch im übrigen Vertragstext sucht man ihn vergeblich. Angesichts der bis heute andauernden Medienberichterstattung erscheint dieser Umstand überraschend. Man wird ihn mit den Regeln der heutigen Medienlandschaft aber schnell erklären können. Der Begriff „No-Bail-Out-Klausel" ist schlicht griffiger als die umständliche Beschreibung des konkreten Norminhalts – die Norm ist ja lang. Und unter „No-Bail-Out-Klausel" konnte sich auch schnell jeder etwas vorstellen. Die Tatsache, dass der Normtext diesen Begriff nicht enthielt, war da nebensächlich. Damit aber nahm das Unheil seinen Lauf: Denn der Begriff des „Bail-Out" ist ein ökonomischer Begriff und wird dort in einem sehr umfassenden Sinne interpretiert, der danach jedes wie auch immer geartete „Einstehen für das Fehlverhalten eines Dritten" umfasst. Oder anders gewendet: Wenn man jemand anderem aus der Patsche hilft, der sich durch eigenes Verhalten in diese Patsche gebracht hat, „bailt" man „out". Und aus dieser Perspektive hat denn auch mit Griechenland zweifellos ein solcher Bail-Out stattgefunden: Die Eurostaaten haben Griechenland mit Krediten gerettet, obwohl dieses seine Schuldenprobleme selbst verursacht hat. Damit ist aber klar, warum vor allem Ökonomen immer wieder die Rechtswidrigkeit der Maßnahmen betonen. Wenn Art. 125 AEUV einen Bail-Out verbietet, dann ist dieser durch die Rettungsmaßnahmen auch verletzt worden. Punkt und fertig.

Aus juristischer Perspektive liegen die Dinge indes ganz anders. Ausgangspunkt bildet hier nach dem oben Gesagten eben allein der Wortlaut der Norm, der darauf zu untersuchen ist, was dieser tatsächlich besagt und nicht danach was man in diesem möglicherweise gern lesen würde. Insofern gilt Folgendes:[31]

Untersagt ist danach zunächst eine Haftung der Mitgliedstaaten für die Verbindlichkeiten eines anderen Mitgliedstaates („haftet nicht"). Was aber genau bedeutet Haften? Juristisch ist das vergleichsweise klar. Ich hafte immer dann, wenn ich für bereits bestehende Schulden eines Dritten im Falle der Uneinbringlichkeit persönlich Gerade stehen muss. Typischer Fall ist insofern die sogenannte Bürgenhaftung, die Ihnen vielleicht

---

[31] Dazu ausführlich *W. Heun/A. Thiele*, Juristenzeitung 2012, S. 973 ff.

auch aus eigener Erfahrung bekannt ist. Hier leiht sich jemand bei einem Dritten Geld, Sie fungieren dabei als Bürge. Sollte die Rückzahlung dieses Kredits anschließend aus welchen Gründen auch immer scheitern, kann nun der Dritte direkt auf Sie als Bürgen zugreifen. Sie treten praktisch vollständig in die Rolle des ehemaligen Schuldners ein und müssen im schlimmsten Fall auch die Zwangsvollstreckung durch den Gläubiger in ihr Privatvermögen dulden. Hat eine solche Haftung bei der Griechenlandrettung stattgefunden? Die klare Antwort ist: Nein. Die Eurostaaten haben Griechenland zwar neue Kredite gewährt, gehen aber keine Haftung bzgl. bereits bestehender Verbindlichkeiten ein. Mit anderen Worten: Die bisherigen Gläubiger Griechenlands können trotz der Rettungsmaßnahmen gerade nicht direkt auf die Eurostaaten zugreifen. In dieser Hinsicht bleibt alles beim Alten. Eine Haftung hat nicht stattgefunden.

Als zweites untersagt Art. 125 noch das Eintreten in die Verbindlichkeiten eines überschuldeten Eurostaates. Aber auch hier gilt: Ein Eintreten liegt nur vor, wenn man sich in bereits bestehende Verbindlichkeiten einmischt und damit in einen direkten Kontakt zu den einzelnen Gläubigern tritt. Beispiel: Sie treten in die Kreditschuld eines Freundes ein. Dann kann der Gläubiger diese Schuld nicht nur bei ihrem Freund, sondern auch bei Ihnen direkt eintreiben. Umgekehrt können Sie nun aber auch die Schuld Ihres Freundes direkt bei seinem bisherigen Gläubiger begleichen. Erneut: Die Vergabe neuer Kredite ist kein solches Eintreten in eine bestehende Verbindlichkeit. Der Wortlaut der Norm ist insofern eindeutig: Die Rettungsmaßnahmen wurden von dem Verbot des Art. 125 AEUV nicht erfasst. Auch dessen Abdruck auf der Titelseite der Bild-Zeitung vermochte daran insofern nichts zu ändern.

Haarspalterei? Vorsichtig, denn genau diese Haarspalterei nennt sich Rechtswissenschaft und warum diese Genauigkeit auch angezeigt ist, habe ich oben bereits knapp dargelegt. Es geht insoweit nicht darum, eine Norm so zu interpretieren, wie man sie gern hätte, sondern sie so auszulegen, dass Mehrdeutigkeiten nicht verdeckt, sondern erhalten bleiben. Und insoweit ist dieser Norm zunächst einmal sehr viel weniger zu entnehmen, als die *Gauweilers* und *Schaefflers* dieser Welt es möglicherweise gern hätten. Ein ausdrückliches Verbot der Kreditvergabe lässt sich ihr also nicht entnehmen.

Gleichwohl muss aus auch juristischer Perspektive an dieser Stelle noch nicht Schluss sein. Festgestellt haben wir jetzt zunächst einmal, dass der Wortlaut der Norm der Kreditvergabe ausdrücklich nicht entgegensteht. Das schließt aber nicht aus, dass man die Norm auch auf andere Verhaltensweisen anwendet, die den verbotenen zumindest sehr nahe kommen, um eine allzu leichte Umgehung derselben zu verhindern. Man spricht hier juristisch von einer teleologischen Extension der Norm – man weitet also deren Anwendungsbereich ein wenig aus, um dem eigentlichen Zweck der Norm zur vollen Geltung zu verhelfen. Wie sieht es nun damit aus?

Die Vertreter der Ansicht, die eine Vergabe neuer Kredite als unzulässig ansehen, berufen sich hier vor allem auf den sogenannten „Moral-Hazard-Gedanken", also eine negative Anreizwirkung, wenn Staaten darauf bauen könnten, im Ernstfall durch andere Staaten über eine Kreditvergabe gerettet zu werden. In der Tat liegt der Regelung des Art. 125 AEUV insgesamt dieser Gedanke zugrunde: Er soll verhindern, dass Staaten sich ohne Rücksicht auf Verluste verschulden, da die Verluste am Ende ja ohnehin von anderen getragen werden. Diese Gefahr ist bei einer Haftung oder einem Eintreten für bestehende Verbindlichkeiten auch offenkundig. Denn in diesen Fällen kann der Staat frei über die Verwendung der von ihm aufgenommen Kredite entscheiden und wird anschließend von den daraus resultierenden Verbindlichkeiten befreit, indem die anderen Eurostaaten für diese haften bzw. in diese eintreten. Ein wunderbarer Zustand. Ist diese Anreizwirkung aber auch gegeben, wenn der Staat im Falle einer drohenden Insolvenz neue Kredite von seinen Europartnern bekommt?

Richtigerweise ist dies nicht der Fall. Denn erstens wird der Staat durch neue Kredite eben nicht von bestehenden Verbindlichkeiten freigestellt. Der Staat steht anschließend also keineswegs entschuldet dar – die Situation in Griechenland macht das mehr als deutlich. Zweitens kann die Kreditvergabe an Bedingungen geknüpft werden, die mit erheblichen wirtschaftlichen Reformen und Wohlstandsverlusten einhergehen. Erneut kann von einer besonderen Anreizwirkung der vergebenen Kredite insoweit nicht gesprochen werden. Wer wollte den Zustand in Griechenland aktuell schon als besonders erstrebenswert ansehen wollen? Bei einem Eintreten oder einer Haftung ist dies anders: Denn der finanzielle Beistand erfolgt hier für Fehler in der Vergangenheit, ohne dass insoweit zugleich ein Einfluss auf das zukünftige Verhalten des überschuldeten Mitgliedstaats genommen werden könnte. Die Kreditvergabe ist hingegen in die Zukunft gerichtet und kann bei Nichteinhaltung der Auflagen und Bedingungen jederzeit gestoppt werden. Auch das ist bei einem Eintreten oder Haften anders, denn hier können ja die bisherigen Gläubiger des überschuldeten Mitgliedstaats direkt auf die anderen Eurostaaten zugreifen. Bei einer Kreditvergabe hingegen behalten die Kreditgeber zu jedem Zeitpunkt die Zügel fest in der Hand: Griechenland bekommt genau das auch gerade deutlich zu spüren. Insgesamt bestehen damit jedenfalls erhebliche Unterschiede in der Wirkung der Vergabe neuer Kredite im Vergleich zu einer Haftung für oder einem Eintreten in bereits bestehende Verbindlichkeiten. Auch eine teleologische Extension der Regelung des Art. 125 AEUV ist damit nicht angezeigt. Wir werden Herrn *Gauweiler* und Herrn *Schaeffler* also auch insoweit leider enttäuschen müssen: Der EuGH hat sich nicht geirrt.[32]

---

[32] Könnte man das eigentlich auch anders sehen? Erscheint es methodisch zumindest vertretbar, dem Art. 125 AEUV auch ein Verbot der Kreditvergabe zu entnehmen? Im Ergebnis wird man das wohl bejahen können. Aber, wie oben dargelegt, kann es darauf letztlich jedenfalls aus der Perspektive des EuGH nicht ankommen. Denn wenn beide Ansichten vertretbar erscheinen, dann sollte im Ergebnis eben doch lieber der weiten Auffassung gefolgt werden. Denn nur diese ermöglicht politischen Diskurs.

Ihnen sei aber als Trost noch einmal in Erinnerung gerufen: Nur weil die Vergabe neuer Hilfskredite von Art. 125 AEUV nicht explizit untersagt wird, heißt das nicht dass sie richtig oder gar zwingend angezeigt wäre. Oder anders: Der Unionsvertrag erlaubt es auch, keine Kredite zu vergeben oder auf andere Art zu helfen. Diese Entscheidung muss eben die Politik treffen, die dann aber auch die Verantwortung dafür tragen muss. Und das erscheint auch richtig so. Wenn die Politik schief geht, können und müssen wir uns also an Frau *Merkel* halten. Denn das Recht, so viel steht fest, hätte in vielerlei Hinsicht Alternativen geboten. Sie hat sich für eine – zulässige – entschieden. Das reicht aber nicht, um sie für ein Scheitern nicht politisch verantwortlich zu machen. Ganz einfach. Die Maßnahmen können und müssen also trotz ihrer rechtlichen Zulässigkeit hinterfragt werden. Und genau das soll ja auch in den folgenden Kapiteln geschehen. Zunächst aber noch der rechtliche Blick auf die umstrittenen Maßnahmen der EZB, insbesondere ihre Anleihekaufprogramme.

Das Handeln der Europäischen Zentralbank[33]

Die oben nur skizzierten Maßnahmen der Europäischen Zentralbank waren und – denkt man an das im März 2015 begonnene umfassende Anleiheankaufprogramm – sind in der Ökonomie überaus umstritten. Auf der einen Seite stehen insoweit die „geldpolitischen Hardliner", die eine Begrenzung der Geldpolitik auf konventionelle Maßnahmen befürworten und jede Einmischung in fiskalpolitische Begebenheiten zu vermeiden suchen. Prominentestes Mitglied dieser Gruppe dürfte aus deutscher Sicht der Präsident der deutschen Bundesbank *Jens Weidmann* sein, aber auch *Sabine Lautenschläger*, deutsches Mitglied des EZB-Direktoriums, dürfte sich wohl eher diesem Lager zugehörig fühlen. Auf der anderen Seite stehen die Vertreter der „Südländer" mit dem EZB-Präsidenten *Mario Draghi* an

---

[33] Ausführlich habe ich diese Fragen in einer kleinen Monographie untersucht, die im Jahr 2013 erschienen ist („Das Mandat der EZB und die Krise des Euro").

der Spitze, die nicht davor zurückschrecken, auch auf eher unkonventionelle geldpolitische Maßnahmen zurückzugreifen – nicht zuletzt die besagten Anleihekäufe – wenn dies zur Stabilisierung der Währungsunion und zur Stützung der Wirtschaft erforderlich sein sollte. In dieser Auseinandersetzung zwischen „Falken" und „Tauben" wird dabei zugleich deutlich, dass die genaue Funktion einer Zentralbank und damit zugleich deren konkretes Aufgabenfeld in einer Volkswirtschaft ökonomisch alles andere als geklärt ist.[34] Oder anders gesagt: Was eine Zentralbank zu welchem Zeitpunkt, in welcher Form und mit welchen Mitteln tun sollte, ist vor dem Hintergrund der komplexen Wirkungsprozesse schon in normalen Zeiten höchst umstritten. Und das gilt damit erst Recht in Krisenzeiten.

Damit ist nach dem oben Gesagten aber auch klar, warum sich die gesamte Diskussion im Zusammenhang mit den Maßnahmen der EZB so zügig auf die Ebene des Rechts verlagert hat. Denn auch dieser Streit lässt sich ökonomisch abschließend eben nicht in die eine oder die andere Richtung auflösen. Auch empirische Belege fehlen, wenngleich die Erfahrungen mit dem von der amerikanischen Zentralbank durchgeführten Quantitative Easing, aber auch der Erfolg des OMT-Programms der EZB das Pendel zumindest aktuell leicht in Richtung der Tauben ausschlagen lassen dürften. Gleichwohl: Erst rechtliche Vorgaben können eine verbindliche Entscheidung herbeiführen – und zwar unabhängig davon, ob diese als zweckmäßig angesehen wird oder nicht. Vor diesem ökonomischen Hintergrund ist es allerdings wenig überraschend, dass sich das Recht mit verbindlichen Vorgaben weitestgehend zurückhält.

Und daher finden sich auch für die EZB zwar etwas mehr Vorgaben als für andere Zentralbanken,[35] aber doch sehr viel weniger als man angesichts des großen Einflusses den die EZB

---

[34] Siehe auch *A. Winkler*, Wie deutsch kann Geldpolitik sein?, Süddeutsche Zeitung vom 23.2.2015, S. 2, der zu Recht darauf hinweist, dass es sich hier um einen gewöhnlichen geldpolitischen Streit handelt, der gerade nicht mit nationalen Kategorien aufgeladen werden sollte.
[35] Vgl. auch *T. Piketty*, Das Kapital im 21. Jahrhundert, S. 762.

auf das Wirtschaftsgeschehen hat, vermuten würde. Immerhin: Vorgeschrieben ist im Hinblick auf ihr Mandat als erstes, dass die EZB vorrangig das Ziel der Preisstabilität zu verfolgen hat. Sie kann daher – anders etwa als die amerikanische Zentralbank – nicht frei zwischen verschiedenen gleichrangigen Zielen wählen. Nur für den Fall, dass die Preisstabilität gesichert erscheint, ist es ihre Aufgabe, „die Wirtschaftspolitik in der Union" zu unterstützen. Dieses vergleichsweise strikte Mandat ist in Art. 127 AEUV ausdrücklich niedergelegt.

Als einer auf Preisstabilität verpflichteten Zentralbank hat man normativ verbindlich zudem die Unabhängigkeit der Zentralbank festgeschrieben.[36] Unabhängigkeit meint hier vor allem: Unabhängigkeit von der Politik. Denn, so die Überlegung, wenn die Politik Zugriff auf die Zentralbank hat, sich ihr Geld also jederzeit selbst drucken kann, ist es mit Preisstabilität schnell vorbei. Im Grundsatz wird man dieser Überlegung wohl auch zustimmen können – normativ führt an dieser Unabhängigkeit angesichts dieser ausdrücklichen Regelung in Art. 130 AEUV und Art. 282 Absatz 3 AEUV ohnehin kein Weg vorbei.

Was die Instrumente angeht, mit denen die EZB ihre Geldpolitik betreibt, finden sich in den Unionsverträgen wiederum (und richtigerweise) nur sehr wenige Vorgaben. So heißt es etwa in Art. 127 Abs. 2 AEUV, dass es vorrangige Aufgabe der EZB sei, „die Geldpolitik der Union festzulegen und auszuführen." Was das genau heißt wird allerdings nicht näher ausgeführt. Immerhin findet man in der Satzung der EZB insoweit nähere Ausführungen – auch dort wird aber lediglich eine Vielzahl an unterschiedlichen Instrumenten aufgeführt, auf die die EZB insoweit im Grundsatz zurückgreifen kann, aber nicht festgeschrieben wann und in welcher Weise sie dies zu tun hat. In Art. 20 der Satzung wird der EZB sogar das Recht einge-

---

[36] Siehe dazu *A. Thiele*, Die Unabhängigkeit der EZB – Grundlagen, Grenzen und Gefährdungen, Berliner Online Beiträge zum Europarecht, Nr. 98.

räumt, über die Anwendung weiterer Instrumente zu entscheiden, was aber immerhin an eine 2/3-Mehrheit im EZB-Rat geknüpft wird. Wir sehen also: Normativ ist die EZB bei der Gestaltung ihrer Politik weitgehend frei, solange sie dabei stets beachtet, dass sie vorrangig die Preisstabilität zu wahren hat. Wie sie das tut, ist hingegen ihr selbst überlassen.

Ganz schön viel Macht für eine unabhängige Institution? In der Tat, viel Macht. Und aus dieser erwächst auch große Verantwortung. Bisher ist die EZB mit dieser Verantwortung angemessen umgegangen und hat ihr Mandat jedenfalls nicht schlechter, im Hinblick auf die durchschnittlichen Inflationsraten sogar besser als die ehemalige Bundesbank erfüllt. Warum eigentlich genießt die EZB so einen schlechten Ruf, gerade in Deutschland?

Unbegrenzt ist diese Gestaltungsfreiheit der EZB bei der Ausführung ihrer Geldpolitik dann aber doch nicht. Denn zumindest ein Instrument wird ihr durch die Unionsverträge sogar ausdrücklich untersagt: Der unmittelbare Ankauf von Staatsanleihen (Art. 123 AEUV). Die Staaten der Eurozone können sich also nicht direkt bei der EZB Geld leihen, eine unmittelbare Staatsfinanzierung ist folglich ausgeschlossen. Und auch dieses Verbot soll letztlich verhindern, dass die Mitgliedstaaten zwar nicht selbst die Druckerpresse bedienen, durch politischen Druck aber die EZB dazu bringen, genau so zu verfahren. Das muss die EZB aufgrund ihrer Unabhängigkeit zwar auch dann nicht tun. Sie entscheidet ja selbst, was aus ihrer Sicht für die Wahrung der Preisstabilität erforderlich ist und der direkte Erwerb von Staatsanleihen wird grundsätzlich nicht dazu gehören. Nur: Wie groß der politische Druck angesichts eines drohenden Staatsbankrotts werden könnte, vielleicht doch wenigstens ein paar Staatsanleihen abzunehmen, kann man sich nach der Erfahrungen mit Griechenland nur allzu leicht ausmalen. Insofern tut das Recht gut daran, hier ein ausdrückliches Verbot zu formulieren, auf dass sich die EZB zur Abwehr dieses Drucks berufen kann. Die oben beschriebene Endgültigkeit des Rechts wird hier also genutzt, um die EZB vollständig von der

Politik abzuschirmen und damit zugleich deren Unabhängigkeit zu sichern. Insofern ist Art. 123 AEUV eine überaus wichtige Regelung.

Also wurde und wird das Recht doch verletzt? Die EZB wollte mit dem OMT-Programm doch Anleihen kaufen und tut das jetzt seit März in einem noch größeren Ausmaß. Damit steht doch fest, dass die EZB sich nicht an die Vorgaben der Unionsverträge hält, oder nicht? Von wegen kein offenkundiger Verstoß! Offenkundiger geht es doch wohl nicht!

Diese Schlussfolgerungen kämen erneut viel zu schnell. Schauen wir uns die Sache also einmal etwas genauer und vor allem der Reihe nach an. Danach hängt die Rechtmäßigkeit prinzipiell von zwei Dingen ab: Erstens müssten die Anleihekaufprogramme mit dem allgemeinen Mandat nach Art. 127 AEUV vereinbar sein. Die EZB darf zu keinem Zeitpunkt außerhalb dieses konkreten Mandats gehandelt haben. Und zweitens dürfte die EZB mit ihren Maßnahmen nicht gegen das Verbot der unmittelbaren Staatsfinanzierung verstoßen – wohlgemerkt der unmittelbaren Staatsfinanzierung, denn allein diese wird durch Art. 123 AEUV untersagt.

Wie sieht es also zunächst mit der Vereinbarkeit der Programme mit dem allgemeinen Mandat zur Wahrung der Preisstabilität aus? Nicht zuletzt das Bundesverfassungsgericht geht jedenfalls beim OMT-Programm davon aus, dass es sich nicht um Geld-, sondern um Wirtschaftspolitik handele, die aber allein in der Zuständigkeit der einzelnen Mitgliedstaaten (und nicht bei der EZB) läge. Zunächst vielleicht noch einmal zur Erinnerung: Was Geldpolitik eigentlich genau ist, weiß zwar niemand so richtig. Aber immerhin: Bei der EZB muss es vorrangig stets um die Wahrung der Preisstabilität gehen.[37] War also das OMT-Programm eine Maßnahme zur Sicherung der Preisstabilität? Unmittelbar sicher nicht. Das hat die EZB allerdings auch zu keinem Zeitpunkt behauptet. Ihr ging es dabei – wie oben dargelegt – vielmehr um die Wiederherstellung des gestörten Transmissionsprozesses. Ihre Geldpolitik übertrug sich aufgrund vielfältiger Spekulationen nicht mehr einheitlich im gesamten Unionsgebiet und diesen Spekulationen auf einen möglichen Austritt eines betroffenen Mitgliedstaats wollte sie durch die Ankündigung im schlimmsten Fall „alles zu tun" entgegentreten. Damit stellen sich zwei Fragen. Erstens: Ist die Beseitigung von Transmissionsstörungen eine Aufgabe der Geldpolitik? Und zweitens: Lag im konkreten Fall eine solche Störung vor?

Die erste Frage ist vergleichsweise schnell beantwortet, und zwar mit ja. Es wäre schon mit der Unabhängigkeit der Zentralbank nur schwer vereinbar, wenn sie für die Beseitigung von Störungen des Transmissionsprozesses auf andere (politische) Organe angewiesen wäre. In der Ökonomie dürfte dies denn auch weitgehend unumstritten sein.

Die zweite Frage war indes weniger klar. Während nämlich die Bundesbank davon ausging, dass die bestehenden Zinsaufschläge entweder mit Spekulationen nichts zu tun hatten (vielmehr auf realen und nachvollziehbaren Risikoeinschätzungen der Marktteilnehmer beruhten) oder zumindest eine Unterscheidung der Zinsen in einen realen und einen spekulativen Anteil nicht möglich wäre, glaubte die EZB genau das. Wer

---

[37] Art. 127 Abs. 1 AEUV lautet: „Das vorrangige Ziel des Europäischen Systems der Zentralbanken (im Folgenden ‚ESZB') ist es, die Preisstabilität zu gewährleisten. Soweit dies ohne Beeinträchtigung des Zieles der Preisstabilität möglich ist, unter-stützt das ESZB die allgemeine Wirtschaftspolitik in der Union, um zur Verwirk-lichung der in Artikel 3 des Vertrags über die Europäische Union festgelegten Ziele der Union beizutragen. Das ESZB handelt im Einklang mit dem Grundsatz einer offenen Marktwirtschaft mit freiem Wettbewerb, wodurch ein effizienter Einsatz der Ressourcen gefördert wird und hält sich dabei an die in Artikel 119 genannten Grundsätze."

aber hatte Recht? Genau diese Frage lässt sich mit einem Blick in das Gesetz aber nicht lösen. Entscheidend ist hier aus rechtlicher Perspektive allein die ökonomische Vertretbarkeit der von der EZB geäußerten Position. Zu fragen war – auch aus der Perspektive des Bundesverfassungsgerichts – daher gerade nicht, wer von beiden Seiten absolut Recht hat, denn diese Frage wird für alle Zeit unbeantwortet bleiben müssen. Zu klären war allein, ob die Ansicht der EZB unter Berücksichtigung aller bestehenden ökonomischen und belastbaren Auffassungen als vertretbar angesehen werden konnte. Und diese Frage wiederum konnte bereits durch einen flüchtigen Blick in die Literatur mit einem klaren Ja beantwortet werden. Die Frage war umstritten, richtig. Aber es kann dann eben nicht die Aufgabe von acht Laienökonomen sein, diesen Streit mit Verbindlichkeit für die gesamte Eurozone zu entscheiden. Das ist vielmehr die Aufgabe der EZB. Solange die Einschätzung danach vertretbar erscheint, muss der Richter diese also auch dann akzeptieren, wenn er sie – warum auch immer – inhaltlich für unzutreffend hält. Und genau das ist der Hauptgrund, warum die Entscheidung des Bundesverfassungsgerichts auf so massive Kritik gestoßen ist: In der ganzen Entscheidung liest man nämlich von einem möglichen Entscheidungsspielraum der EZB nichts. Stattdessen schlägt sich das Bundesverfassungsgericht umgehend auf die Seite der Bundesbank, die zweifellos eine ebenso vertretbare Auffassung wie die EZB vertritt. Warum diese aber die maßgebliche sein soll, ist nicht einsichtig. Nur weil Herr *Weidmann* aus Deutschland kommt und im EZB-Rat überstimmt wurde? Normativ ist das in einem europäischen Gremium, das mit Mehrheit entscheidet kein wirklich überzeugendes Argument. Oder anders gesagt: Wer verspricht uns eigentlich, dass sich nicht Herr *Weidmann* geirrt hat? Angesichts der Expertise im Rat der EZB und der Mehrheit, mit der er überstimmt wurde, spricht hier sogar Einiges dafür.

Was das neue umfassende Anleihekaufprogramm bezüglich aller Eurostaaten angeht, welches im Januar 2015 angekündigt wurde und zwei Monate später tatsächlich begann, leugnen im

Übrigen noch nicht einmal die Gegner der EZB die generelle Vereinbarkeit mit ihrem Mandat. Denn diese Anleihen kauft die EZB ausdrücklich um eine drohende Deflation durch eine Ausweitung der Geldbasis zu erreichen. Sie will also die Inflation anheizen, da – jedenfalls nach ihrer vertretbaren Ansicht – die Eurozone in eine Deflation abzurutschen droht, was sie aufgrund ihres Mandats ja verhindern muss.

Hans-Werner Sinn ist einer der wenigen, der auch hier ein Verstoß gegen das Mandat annehmen will, freilich nicht weil er bestreitet, dass die EZB gegen Deflation vorgehen dürfte. Er leugnet vielmehr das Vorliegen einer Deflation mit dem Argument, dass die aktuell bestehende Inflationsrate von -0,6% in der gesamten Eurozone vornehmlich auf die gesunkenen Energiepreise zurückzuführen sei. Rechne man diesen nicht nachhaltigen Effekt heraus, ergebe sich vielmehr eine leicht positive Kerninflationsrate (vielleicht +0,2%). Das Mandat der EZB laute aber ja Preisstabilität und das heiße jawohl 0% Inflation. Wie komme die EZB also dazu, bei einer leicht positiven Kerninflationsrate die Inflation anzuheizen? Klarer Vertragsbruch! Oder doch nicht?

Unterstellt wir folgen Herrn *Sinn* bei seiner Einschätzung im Hinblick auf die Kerninflationsrate – ohne damit andeuten zu wollen, dass die EZB ihre Politik notwendig darauf ausrichten müsste. Gehen wir also von einer Inflationsrate von 0,2% aus. Nach *Hans-Werner Sinn* müsste die EZB nun also versuchen, auch diese Inflationsrate noch weiter auf 0% zu drücken. Ist das juristisch überzeugend?

Dazu muss man wissen: Die EZB definiert Preisstabilität mit einem Preisanstieg von unter aber nahe 2%, also gerade nicht mit 0%. Ökonomisch ist das gerade in einem inhomogenen Währungsgebiet wie der Eurozone auch durchaus angemessen. Denn die Inflationsrate bemisst sich ja nach einem Durchschnittswert für alle Staaten. Ein Durchschnitt von 0% könnte für einige Regionen also bereits Deflation bedeuten, was für diese außerordentlich nachteilige Konsequenzen haben könnte. Zudem lässt sich Inflation nicht punktgenau messen. Schon um

Messfehler auszugleichen empfiehlt es sich daher, einen leicht positiven Wert anzupeilen – was dementsprechend auch praktisch alle Zentralbanken dieser Welt tun, obwohl auch sie Preisstabilität anpeilen. Interessanterweise stimmt Herr *Sinn* diesen ökonomischen Zusammenhängen auch umstandslos zu. Nur juristisch spreche der Unionsvertrag eben von Preisstabilität und damit könne man eben leider nichts machen. Die EZB handele rechtswidrig. Diese Ausführungen sind gelinde gesagt aberwitzig. Damit würde die EZB durch die Verträge also zu ökonomisch völlig irrationalem Verhalten gezwungen. Kann das richtig sein? Natürlich nicht. Insofern an dieser Stelle ein wenig juristische Nachhilfe:

Bei dem Begriff Preisstabilität handelt es sich um einen sogenannten unbestimmten Rechtsbegriff, da dessen Inhalt durch die Verträge nicht eindeutig definiert wird. Dieser muss daher sozusagen mit konkretem Inhalt gefüllt werden und den ersten Zugriff auf die Definition des Inhalts hat die EZB selbst, da sie von den Verträgen mit der Wahrung der Preisstabilität betraut worden ist. Natürlich unterliegt ihre Definition der gerichtlichen Kontrolle. Aber, sie werden es ahnen, nicht in der Form, dass das Bundesverfassungsgericht, andere Richter oder Herr *Sinn* der EZB sagen, was sie selbst unter Preisstabilität verstehen. Überprüft wird vielmehr allein die Vertretbarkeit der von der EZB gewählten Definition. Und wie sieht es damit aus? Nach den obigen Ausführungen kennen sie die Antwort. Die ökonomische Vertretbarkeit führt eben auch zur juristischen Vertretbarkeit. Damit ist aber auch klar: Selbst bei einer Inflationsrate von 0,2% wäre es aus rechtlicher Sicht zulässig, wenn die EZB Maßnahmen ergriffe, um die Inflation anzuheizen. Ende.

So weit so gut. Also ist es vertretbar, eine Störung des Transmissionsprozesses anzunehmen und den OMT-Beschluss daher dem Mandat der EZB zuzuschreiben. Und auch das große Anleihekaufprogramm ist mit dem Mandat der EZB vereinbar. Muss insoweit aber nicht berücksichtigt werden, dass die betroffenen Staaten von einer solchen Entscheidung erheblich profitieren? Immerhin sinkt dadurch ja der Zins, den sie für Staatsanleihen entrichten müssen. Das ist doch pures Geld für diese Staaten und damit doch wohl unzulässige Staatsfinanzierung, oder nicht? Das bringt uns direkt zum zweiten Teil unserer Prüfung: Die Vereinbarkeit der Programme mit der Regelung des Art. 123 AEUV. Ist das nicht alles unerlaubte Staatsfinanzierung?

Hier bedarf es wieder eines genauen Blicks in die Norm selbst.[38] Der Begriff der Staatsfinanzierung kommt hier ebenfalls nicht vor. Vielmehr untersagt Art. 123 AEUV allein den unmittelbaren Ankauf von Staatsanleihen. Das hat die EZB aber weder beim OMT-Programm vorgehabt, noch erwirbt sie die Anleihen seit März auf diese Weise. Die EZB wird vielmehr allein auf dem sogenannten Sekundärmarkt tätig, kauft also nur Anleihen, die von anderen privaten Marktteilnehmern den Staaten bereits zu einem früheren Zeitpunkt abgenommen wurden. Das sind also keine unmittelbaren, sondern mittelbare Ankäufe. Ökonomisch macht das Fehlen dieser zwei Buchstaben („un") aber einen bedeutenden Unterschied:

Denn erstens kann die EZB damit nur Anleihen erwerben, die bereits auf einem Markt existent sind. Das ist aber eben nur dann der Fall, wenn sich zuvor private Marktteilnehmer finden, die diese Papiere nach einer eigenen Risikobewertung für gut befinden und daher nicht zuletzt das Ausfallrisiko für tragbar halten – sie können ja nicht sicher sein, dass sie diese Papiere später noch einmal verkaufen können bzw. zu welchem Preis das möglich sein wird.

---

[38] Art. 123 Abs. 1 AEUV lautet vollständig (Hervorhebung nicht im Original): „Überziehungs- oder Kreditfazilitäten bei der Europäischen Zentralbank oder den Zentralbanken der Mitgliedstaaten (im Folgenden als ‚nationale Zentralbanken' bezeichnet) für Organe, Einrichtungen und sonstige Stellen der Union, Zentralregierungen, regionale oder lokale Gebietskörperschaften oder andere öffentlich-rechtliche Körperschaften, sonstige Einrichtungen des öffentlichen Rechts oder öffentliche Unternehmen der Mitgliedstaaten sind ebenso verboten wie der **unmittelbare** Erwerb von Schuldtiteln von diesen durch die Europäische Zentralbank oder die nationalen Zentralbanken."

Zweitens erhält der betreffende Staat durch den Erwerb von Anleihen durch die EZB unmittelbar keinen einzigen zusätzlichen Cent. Die Kreditsumme bekommt er allein durch die Platzierung auf dem Primärmarkt, wenn also die Anleihe erstmals an den privaten Investor abgegeben wird. Mit dem Erwerb der jeweiligen Anleihe durch die EZB wechselt mithin allein der Gläubiger. Das dürften Sie auch privat schon erlebt haben: Ihre Arztrechung erhalten sie oftmals nicht vom behandelnden Arzt, sondern von einem Unternehmen, welches die Einziehung der ärztlichen Forderungen übernimmt. Diesem Unternehmen wurde die Forderung gegen Sie zuvor abgetreten. Mit anderen Worten: Ihr Gläubiger wechselte, für Sie aber änderte sich dadurch nichts. Sie müssen genauso viel wie vorher zu den gleichen Bedingungen bezahlen.

Angesichts dieser Unterschiede ist es also durchaus nachvollziehbar, warum die Unionsverträge allein den unmittelbaren Erwerb untersagen. Denn nur durch diesen kann der allgemeine Marktmechanismus ausgehebelt werden, der es Staaten unmöglich macht, unbegrenzt viel Geld aufzunehmen. Denn private Anleger würden ein solches Verhalten nicht zulassen, würden also bei zu großem Risiko keine Anleihen eines solchen Staates mehr auf dem Primärmarkt mehr kaufen. Es gäbe dann keinen Sekundärmarkt, auf dem die EZB tätig werden könnte. Aus genau diesem Grund ist es aber auch völlig verfehlt, den unmittelbaren und den mittelbaren Erwerb pauschal gleichzusetzen, weil beides ja irgendwie dem Staat hilft. Man mag beides für verwerflich halten: Verboten ist zunächst einmal nur das eine.

Und das gilt eben auch wenn man diese mittelbaren positiven Effekte für die betroffenen Mitgliedstaaten aufgrund der denkbaren Zinssenkungen berücksichtigt. Positive Wirkungen auf die Haushalte der Mitgliedstaaten haben nämlich viele geldpolitische Maßnahmen. Nicht zuletzt die Senkung der Leitzinsen wird so gut wie immer einen solchen Effekt nach sich ziehen, da sich dies auch auf die Zinshöhe auswirken wird, die der

Staat bei seiner Kreditaufnahme leisten muss. Ist die Absenkung der Leitzinsen damit jetzt auch „unerlaubte Staatsfinanzierung"? Natürlich nicht. Aus der Perspektive der Geldpolitik sind solche positiven Effekte für die Haushalte der Mitgliedstaaten schlicht unerheblich, solange die Maßnahme selbst ihre Rechtfertigung in geldpolitischen Erwägungen findet. Und das ist bei beiden Maßnahmen der Fall. Wenn solche geldpolitisch gerechtfertigten Maßnahmen dann auch noch einzelnen Mitgliedstaaten helfen – umso besser. Gute Geldpolitik liegt ja nicht nur dann vor, wenn den Mitgliedstaaten möglichst effektiv geschadet wird. Geldpolitik hat vielmehr die Maßnahmen zu ergreifen, die nötig sind, um Preisstabilität zu sichern. Ob Mitgliedstaaten dabei geholfen wird oder nicht, ist geldpolitisch schlicht irrelevant. Andererseits müssen entsprechende Maßnahmen (etwa Zinserhöhungen) dementsprechend auch dann ergriffen werden, wenn sie den Mitgliedstaaten mittelbar schaden sollten. Für unsere Zwecke bleibt an dieser Stelle aber festzuhalten: Die skizzierten mittelbaren positiven Effekte der Anleihekäufe sind für sich genommen kein Grund den Wortlaut des Art. 123 AEUV zu überspielen und aus „unmittelbar" „unmittelbar oder mittelbar" zu machen.

Etwas anderes dürfte danach nur dann gelten, wenn die EZB eine Ankaufgarantie bezüglich aller auf dem Markt befindlicher Staatsanleihen zum Ausgabepreis abgeben sollte. Denn dann müssen sich private Investoren im Ergebnis tatsächlich keine Sorgen mehr im Hinblick auf mögliche Ausfallrisiken machen. Sie könnten ihre Anleihen ja im schlimmsten Fall an die EZB weiterreichen – der Markt wäre wie beim unmittelbaren Ankauf ausgehebelt. Genau eine solche umfassende Ankaufgarantie ist von der EZB aber zu keinem Zeitpunkt abgegeben worden. Es bleibt also dabei: Art. 123 AEUV wurde nicht (und schon gar nicht offenkundig) verletzt.

Die eingeleiteten Rettungsmaßnahmen waren damit mit den europäischen Vorgaben vereinbar. Kein Wort verlieren diese europäischen Vorgaben aber zu der Frage, ob diese Maßnahmen auch als zweckmäßig angesehen werden können. Dies hängt vielmehr allein von ihren tatsächlichen Auswirkungen ab, ob sie also zu den gewünschten Erfolgen geführt haben. Zeit also, sich einmal im heutigen Griechenland ein wenig umzuschauen und die ausgeprägte Austeritätspolitik dem Praxistest zu unterziehen.

5. Griechenland im Jahr 2015

„Blühende Landschaften" hatte der Kanzler der Einheit, *Helmut Kohl*, den neuen Bundesländern der Bundesrepublik schon wenige Jahre nach der Wende versprochen. Und auch in Griechenland würde man nach fünf Jahren am finanziellen Tropf der Eurostaaten vielleicht keine blühenden Landschaften aber doch zumindest die ersten Anzeichen für eine rosige Zukunft erwarten. Beides sollte jedoch nicht eintreten. Die neuen Bundesländer erweisen sich in vielerlei Hinsicht auch 25 Jahre nach der Wende noch als wirtschaftliches Problemkind und Griechenland steht heute nur unwesentlich besser da, als im Vergleich zur Situation im Jahr 2010. Immerhin: Griechenland erwirtschaftet erstmals seit Jahren wieder einen kleinen Primärüberschuss, gibt also weniger aus, als es einnimmt – wenn man die erforderlichen Zinszahlungen für die Staatsverschuldung herausrechnet. Und auch wirtschaftlich ist die griechische Wirtschaft in den letzten Monaten (vor der Wahl) zumindest leicht gewachsen. Also alles richtig gemacht und weitermachen? Hat die Austeritätspolitik gewirkt?

Ein näherer Blick lässt Zweifel aufkommen. Wie sieht es z.B. mit der Staatsverschuldung aus? Erklärtes Ziel der europäischen Kreditauflagen war es ja, diese auf ein tragfähiges Maß zu senken (Sparen, Sparen, Sparen). Wo stehen wir heute?

Im Jahr 2010 betrug die sogenannte Schuldenquote Griechenlands im Verhältnis zum Bruttoinlandsprodukt rund 150 %. Der Schuldenberg Griechenlands war also eineinhalb Mal so groß wie dessen jährliche Wirtschaftsleistung. Auch wenn es in der Ökonomie umstritten ist, ab wann eine Schuldenquote bei starker Auslandsverschuldung tatsächlich untragbar wird: Bei 150 % und einem Anteil an Auslandsschulden von mehr als 90 % ist das ganz sicher der Fall. Andernfalls wäre die ganze europäische Rettungsaktion ja auch unnötig gewesen. Hätten die Finanzmärkte diese Quote für in Ordnung befunden, hätten sie Griechenland ja weiter Geld zur Verfügung gestellt. Genau das war aber eben nicht der Fall. Also untragbar. Und heute? Heute liegt diese Quote bei 175%, ist also noch einmal um 25% gestiegen. Die Staatsverschuldung ist heute sozusagen „noch untragbarer" als 2010 – und tatsächlich bekommt Griechenland ja weiterhin auf den Finanzmärkten kein Bein auf den Boden. Sieht so erfolgreiche Austeritätspolitik aus?

Betrachten wir als nächstes das zarte Wirtschaftswachstum Griechenlands. Ist nicht wenigstens das ein Zeichen der Hoffnung? In der Tat: Im Jahr 2014 ist die griechische Wirtschaft um ganze 0,6% gewachsen. Also immerhin ein kleiner, wenn auch sehr kleiner Aufstieg. Dieser relativiert sich aber sehr schnell, wenn man sich anschaut, in welchem beinahe unvorstellbaren Tempo die griechische Wirtschaft zuvor abstürzte: Wachstum gab es zuletzt im Jahr 2007. Seitdem ist die Wirtschaftsleistung in jedem Jahr – jeweils bezogen auf das Vorjahr – geschrumpft. Im Jahr 2008 hielt sich dieser Rückgang zwar noch in Grenzen und betrug „nur" -0,21%. Dann aber ging's los: -3,14% (2009), -4,94% (2010), -7,11% (2011), -6,98% (2012), -3,86% (2013). Zum Vergleich: Im Zusammenhang mit der Finanzkrise schrumpfte die Wirtschaft in Deutschland nur in einem Jahr, nämlich 2009 um -5,6%. Schon 2010 gab es bereits wieder ein Wachstum von 4,1% und 2011 von 3,6% – nicht zuletzt, weil die deutsche Regierung mit massiven Konjunkturpaketen der Wirtschaft wieder auf die Beine half (Stichwort: „Abwrackprämie"). In Griechenland lag die Wirtschaftsleistung im Jahr 2013 verglichen mit dem Ausgangsjahr 2007 hingegen bei nur noch rund 76%. Die überaus magere Wachstumsrate von 0,6% wird an den prekären wirtschaftlichen Verhältnissen in Griechenland insofern kaum etwas ändern. Selbst wenn nämlich die griechische Wirtschaft in den nächsten Jahren konstant um diesen Wert wachsen sollte – angesichts der unsicheren Verhältnisse dort keineswegs sicher –, bräuchte es fast 46 Jahre, nur um den Ausgangswert von 2007 zu erreichen. Bei einem durchschnittlichen Wachstum von 2,5% noch elf Jahre und bei 4% auch noch ganze sieben Jahre. Dieser radikale Wachstumseinbruch erklärt im Übrigen auch den gestiegenen Schuldenstand Griechenlands trotz des erfolgten Schuldenschnitts. Denn die Schuldenquote ergibt sich ja aus dem Verhältnis von Gesamtschulden zu Bruttoinlandsprodukt. Sogar bei gleichbleibenden Gesamtschulden steigt also unweigerlich die Schuldenquote, wenn sich die Wirtschaftsleistung verringert. Einfache Bruchrechnung, die eine Reduktion der Schuldenquote aber leider außerordentlich erschwert.

Wirtschaftlich sieht es also weiterhin nicht allzu rosig aus. Wie aber verhält es sich mit der sozialen Situation? Wie geht es den Griechen heute? Ein näherer Blick zeigt, dass die Kürzungen zumindest bei der Bevölkerung ihre Wirkung nicht verfehlt haben. Die radikalen Lohn- und Rentensenkungen (vor allem die drastische Senkung des Mindestlohns) haben praktisch niemanden verschont, wenn man einmal von den Vermögenden absieht, die weder Lohn noch Rente beziehen, sondern von ihren Kapitalerträgen leben. Hinzu kommen die Steuererhöhungen, vornehmlich im Bereich Einkommen- und Mehrwertsteuer, die primär erneut die Mittelschicht und die Geringverdiener getroffen haben. Besonders hart wirkt sich für Letztere vor allem die Abschaffung des Steuerfreibetrags aber auch die Streichung des Kindergeldes aus. All diese Maßnahmen mag man aus theoretisch-ökonomischer Perspektive möglicherweise rechtfertigen können. Die Wirkungen für den Einzelnen sollte man gleichwohl im Blick behalten. Oder wie würde es Ihnen ergehen, wenn Ihnen von heute auf morgen der Lohn um 20% gekürzt wird, damit aber nicht Schluss ist, sondern umgehend über neue Kürzungen diskutiert wird, ohne dass ein Ende dieser Kürzungsspirale auch nur annähernd in Sicht wäre? Ich will es mir an dieser Stelle sparen, dramatische Einzelschicksale anzuführen, erlaube mir aber doch, eine kleine Geschichte zu erzählen:

Im Jahr 2008 war ich im Rahmen des Referendariats bei der Europäischen Kommission tätig. Ich lernte dabei zahlreiche Kollegen aus anderen Mitgliedstaaten der Europäischen Union kennen – was zu meiner Leidenschaft für die Europäische Union bzw. die Europäische Integrationsidee sicherlich nicht unwesentlich beitrug. Mit einigen Kollegen verstand ich mich so gut, das wir nicht nur noch während meiner Zeit bei der Kommission einen gemeinsamen Roadtrip durch Frankreich unternahmen, sondern auch beschlossen, uns in den kommenden Jahren jeweils in einem anderen Mitgliedstaat zu besuchen. Im Jahr 2009 trafen wir uns also in London und 2010 war ich Gastgeber in Hamburg.

Im Jahr 2011 schließlich – und damit mitten in der Eurokrise – ging es nach Athen. Unsere griechische Kollegin arbeitete mittlerweile in einer mittelgroßen Athener Rechtsanwaltskanzlei und empfing uns in einer kleinen aber feinen Mietwohnung, in der sie gemeinsam mit ihrem Freund lebte. Wie lange noch, war zum damaligen Zeitpunkt allerdings nicht mehr klar. Denn ob sie sich diese Wohnung in den nächsten Monaten noch würde leisten können, war angesichts der bereits angekündigten weiteren Kürzungen keineswegs sicher. Ihr Monatsverdienst war mittlerweile nämlich auf 1.100 Euro netto gesunken, Tendenz fallend. Das mag auf den ersten Blick noch erträglich klingen, angesichts ihrer Qualifikationen – sie war nicht nur in Brüssel tätig gewesen, sondern hatte auch in Deutschland studiert und sprach mehrere Sprachen fließend – erschien mir das zum damaligen Zeitpunkt wie ein schlechter Witz – erst recht angesichts des Umstands, dass die Lebenshaltungskosten im Übrigen (vor allem Nahrungsmittel) kaum geringer waren als in Deutschland. In internationalen Großkanzleien, in denen sie mit Kusshand genommen worden wäre, hätte sie locker das Vier- oder Fünffache verdienen können. Und über einen solchen Schritt dachte sie daher auch (durchaus nachvollziehbar) intensiv nach, auch wenn sie (noch) einigermaßen über die Runden kam und sich zumindest während unseres Aufenthaltes ihre gute Laune nicht verderben ließ. Also alles nicht so schlimm?

Für meine Kollegin wahrscheinlich nicht, auch wenn ich niemals mit ihr hätte tauschen wollen. Was aber sollte es bedeuten, wenn bereits eine solchermaßen ausgebildete Akademikerin kaum über die Runden kam? Mit ihrer Ausbildung und Qualifikation gehörte sie unweigerlich zur griechischen Elite und sogar die hatte 2011 also schon solche Probleme? Wie erst sollte es den weniger ausgebildeten gehen? Personen, die vor der Krise zwar keine großen Sprünge machten, aber wenigstens ausreichend verdienten, um ihre Familie zu ernähren. Wie soll so eine Person eine Lohnsenkung um 20 oder gar 25% verkraften? Teilweise wurden sogar diese gekürzten Löhne dann auch noch verspätet oder gar nicht ausbezahlt. Man mag es sich kaum ausmalen, zumal es sich angesichts der flächendeckenden Sparmaßnahmen eben nicht um bedauerliche Einzelfälle, sondern um Millionen von Betroffenen handelte. Und für die meisten besteht nicht die Option, wie bei meiner Kollegin, ins Ausland und damit in bessere Zeiten zu reisen und dort sein Glück zu suchen. Und das war 2011. Seitdem sind die Sparmaßnahmen in allen Bereichen noch einmal ausgeweitet worden, ohne dass bis zum Januar 2015 ein Ende dieser Politik in Sicht gewesen wäre.

Noch schlimmer hat es aber zwangsläufig diejenigen getroffen, die aufgrund der Krise und der Sparmaßnahmen ihren Arbeitsplatz gänzlich verloren haben bzw. keinen Arbeitsplatz mehr finden – und das betrifft keineswegs allein die unter- oder schlechtqualifizierten Arbeitskräfte. Die Arbeitslosenquote in Griechenland liegt aktuell bei rund 26,3%. Erneut der Vergleich: In den letzten zwanzig Jahren betrug die höchste Arbeitslosenquote in Deutschland gerade einmal 11,7% im Jahr 2005 – wir wurden damals als „kranker Mann Europas" bezeichnet –, ist seitdem aber mehr oder weniger kontinuierlich gesunken und liegt aktuell bei unter 7%. Eine längere Phase mit hohen Arbeitslosenquoten dürfte den meisten also nicht mehr in Erinnerung sein. In Griechenland waren die Zahlen bis 2009 ähnlich wie in Deutschland, um dann in nur zwei Jahren auf 24,4% im Jahr 2012 zu steigen. Die Arbeitslosenquote hat sich seitdem auf diesem Niveau mehr oder weniger gehalten,[39] eine

---

[39] Im Jahr 2013 lag die Arbeitslosenquote beim bisherigen Spitzenwert von 27,25%.

wirkliche Besserung ist nicht in Sicht. Wer schon einmal arbeitslos war, weiß, was eine solche Situation für das eigene Selbstwertgefühl bedeuten kann – erst recht wenn kaum Aussicht darauf besteht, in nächster Zukunft wieder einen Job zu finden. Viel schlimmer aber: Die Jugendarbeitslosigkeit in Griechenland liegt sogar bei rund 50%. Jeder zweite Jugendliche findet also keinen Job, sieht damit zugleich keine Perspektive für die kommenden Jahre, und dass, ohne dass man ihm eigentlich einen Vorwurf machen könnte. In Griechenland wächst damit gewissermaßen eine Generation der Hoffnungslosen heran. Soweit möglich, zieht es viele Jugendliche daher ins (europäische) Ausland. Dass eine solche Situation für den sozialen Frieden einer Gesellschaft wenig förderlich ist und eine wirtschaftliche Genesung verhindert, dürfte sich von selbst verstehen.

Dabei darf gerade aus deutscher Perspektive nicht vergessen werden: Das soziale Netz ist in Griechenland keineswegs so engmaschig geknüpft, wie das in Deutschland der Fall ist. Sofern man mindestens zwei Jahre gearbeitet hat, erhält man nach Jobverlust immerhin für ein weiteres Jahr Arbeitslosengeld. Danach aber ist Schluss. Naja, sagen Sie, danach bleibt ja noch Sozialhilfe („griechisches Hartz IV"). Aber: Leider nein. Nach einem Jahr ist wirklich Schluss. Keine Sozialhilfe und auch sonst nichts. Und in der Regel wird auch der Krankenversicherungsschutz erlöschen. Nach einem Jahr Arbeitslosigkeit steht man in Griechenland also wahrlich vor dem Nichts, sofern man nicht ein wenig Erspartes auf der hohen Kante hat – vielleicht mit ein Grund, warum die Suizidrate in Griechenland nach einigen (allerdings inoffiziellen) Statistiken seit Beginn der Krise um bis zu 45% angestiegen ist. Und auch die Kinderarmut hat sich einer aktuellen UNICEF-Studie zufolge im Zeitraum von 2008 bis 2012 beinahe verdoppelt, der Anteil der armen und materiell benachteiligten Kinder hat sich im gleichen Zeitraum sogar beinahe verdreifacht. Weder arm noch materiell benachteiligt waren im Jahr 2012 in Griechenland gerade einmal 56,5%

der Kinder.⁴⁰ Und seitdem dürfte sich die Situation kaum verbessert haben – wohlgemerkt: Wir reden von einem Mitgliedstaat der EU, einer der reichsten Weltgegenden überhaupt.

Wie würde es Ihnen in einer solchen Situation gehen? Wie lange könnten Sie ohne jedes Einkommen auskommen? Und ohne Krankenversicherung? Und ihre Familie? Und wie würden Sie in einem solchen Fall über die Troika denken, die in regelmäßigen Abständen immer neue Sparmaßnahmen fordert und durchsetzen will? Wäre sie vielleicht auch bei Ihnen „negativ besetzt"? Und zuletzt: Sieht so eigentlich erfolgreiche Austeritätspolitik aus?

Wenn Sie diese letzte (zugegeben eher rhetorische Frage) mit nein (oder wenigstens mit „eher nicht") beantwortet haben sollten, dann stellt sich zwangsläufig sogleich die nächste Frage: Was ist denn da eigentlich schief gelaufen? Warum sind die blühenden Landschaften trotz der Sparauflagen in Griechenland auch nach fünf Jahren ausgeblieben? Warum ist die soziale Situation heute so katastrophal?

Instinktiv sucht man die Schuld sogleich bei den Griechen. Die haben eben nicht genug gespart und nicht alles umgesetzt, was man von ihnen verlangt hat. Und in der Tat: Die Griechen hätten sicher noch sparsamer sein können. Und einige notwendige Maßnahmen sind bis heute unterblieben. Nur, der zum Teil erweckte Eindruck, die Griechen wären völlig untätig geblieben, ist schlicht unzutreffend.⁴¹ Unzählige Kürzungen sind durchgeführt worden und haben die Verhältnisse in Griechenland im Vergleich zu Vorkrisenzeiten in einigen Bereichen geradezu (und richtigerweise) auf den Kopf gestellt. Und dass das auch von den anderen Europartnern und der Troika im Grundsatz so gesehen wird, ergibt sich schlicht und ergreifend daraus, dass andernfalls die einzelnen Hilfstranchen nicht hätten ausbezahlt werden dürfen. Sie sind aber ausbezahlt worden

---

⁴⁰ UNICEF, Innocenti Report Card 12 – Children of the Recession, S. 19.
⁴¹ Siehe auch *P. Bofinger*, Zurück zur D-Mark?, S. 78 ff., wo dargelegt wird, dass gerade Griechenland erhebliche Sparanstrengungen vollbracht hat.

und zwar nur deshalb, weil die Troika im Wesentlichen zufrieden war. Auch das gilt es zu berücksichtigen, wenn in der Öffentlichkeit immer wieder angemahnt wird, dass eine ausreichende Besteuerung der „Superreichen" weiterhin nicht erfolgt. Offenkundig war das dementsprechend keine Auflage, die für eine der Hilfstranchen hätte erfüllt werden müssen. Warum eigentlich nicht? Ich werde diesen Punkt an späterer Stelle ansprechen. Hier soll es ausreichen festzuhalten, dass den Griechen im Hinblick auf die „Reformauflagen" kein völliges Versagen unterstellt werden kann. Dieser Befund wird durch einen Blick auf die wirtschaftliche und soziale Situation der anderen von solchen Reformauflagen betroffenen Staaten bestätigt. Finden sich wenigstens hier die erhofften „blühenden Landschaften"?

Eher nicht. Schauen wir uns die wichtigsten Daten insoweit einmal an. Beginnen wir mit Zypern. Hier betrug die Staatsverschuldung im Jahr 2008 noch magere 48,89% des BIP, stieg dann im Zusammenhang mit der Finanzkrise auf 71,62% und lag im Jahr 2013 – also nach Beginn der Rettungsmaßnahmen – bei 92,61%. Die Wirtschaft schrumpfte 2012 um 2,25% und 2013 um knapp 1%, dafür stieg etwas anderes, nämlich die Arbeitslosenquote von 3,65% im Jahr 2008 über 7,78% im Jahr 2011 auf 12,5% im Jahr 2013.

Im Hinblick auf die Staatsverschuldung sieht es in Portugal kaum anders aus. Dort lag die Schuldenquote noch im Jahr 2010 mit 93,99% schon deutlich über der Maastrichter Zielmarke von 60%. Bis zum Jahr 2014 sollte sich diese aber noch einmal steigern auf 126,69%. Tendenz: Jedenfalls nicht fallend. Auch die Jugendarbeitslosenquote liegt aktuell und trotz eines ersten Wirtschaftswachstums von zarten 1,17% im Jahr 2014 weiterhin bei einer alles andere als hinnehmbaren Quote von 34,5%.

Schauen wir zuletzt auf Spanien. Im Jahr 2014 hatten wir nach etlichen Jahren tatsächlich wieder ein kleines Wachstum von immerhin 0,87%. Die Staatsverschuldung ist hingegen seit 2010 von rund 60% auf aktuell rund 100% gestiegen und die Jugendarbeitslosenquote ist hier sogar noch höher als in Griechenland und liegt gegenwärtig bei 53,5%.

Was den Abbau der Staatsverschuldung angeht, haben damit also alle diese Staaten – und keineswegs nur Griechenland – versagt. Auch beim Wirtschaftswachstum und der Arbeitslosigkeit, insbesondere der Jugendarbeitslosigkeit sieht es insgesamt eher mau aus. Und zuletzt: Nach dem bereits zitierten UNICEF-Bericht hat sich auch die Kinderarmut jeweils ähnlich entwickelt und ist in allen diesen Staaten zum Teil deutlich angestiegen. *Mark Blyth* hat all diese Entwicklungen folgendermaßen und wunderbar einfach zusammengefasst: „Austerity clearly is not working, if ‚not working' means reducing the debt and promoting growth."[42] Damit aber stellt sich umgehend die Frage: Liegen diese Fehlschläge möglicherweise nicht (nur) an Griechenland und den anderen Staaten, die sich zu blöd anstellen, sondern womöglich am Austeritätskonzept selbst?

Zeit also, sich einmal in Erinnerung zu rufen, was diese „Austeritätsidee" eigentlich besagt, die seit mehr als fünf Jahren als politische Leitidee zur Rettung der Eurozone fungiert und deren intellektuelle Geschichte weit in die Vergangenheit reicht und unter anderem mit Deutschland, den USA aber auch einer italienischen Elite-Universität verknüpft ist.[43] Die Grundidee ist dabei vergleichsweise einfach und durchaus einleuchtend:[44] Ein Schuldenproblem lässt sich eben nicht durch neue Schulden beseitigen. Punkt. So einfach ist das. Stattdessen muss das Schuldenproblem aggressiv angegangen werden und zwar durch eine selbstständig durchgeführte „kontrollierte Deflation", also Reduktion der Löhne, Reduktion der Preise und Reduktion der Staatsausgaben. Von Steuererhöhungen, so zumin-

---

[42] M. *Blyth*, Austerity. The History of a Dangerous Idea, S. 4.
[43] Siehe dazu überaus lesenswert erneut M. *Blyth*, Austerity. The History of a Dangerous Idea, S. 104 ff., insbesondere S. 132 ff.
[44] Das dürfte sie allerdings gerade so gefährlich machen.

dest die Untersuchungen einiger Ökonomen der erwähnten italienischen Eliteuniversität,[45] sei in diesem Zusammenhang hingegen abzuraten, weshalb eine fiskalische Anpassung nicht ohne erhebliche Einschnitte in den Sozialstaat erzielt werden könne. Mit anderen Worten: sparen, sparen, sparen. Wie es sodann wieder zum Wachstum kommt? Natürlich durch die Erwartungen der Marktteilnehmer. Denn diese sehen jetzt, dass die Sparmaßnahmen des Staates dauerhaft sein werden, antizipieren dadurch, dass der Staat zukünftig weniger Einnahmen benötigt, erwarten daher, dass der Staat zukünftig Steuern senken wird, erkennen dadurch ein zukünftig dauerhaft erhöhtes Realeinkommen und beginnen dieses sogleich zu investieren. Voilà. Da ist das Wachstum. So einfach geht's. Und besonders effektiv ist das alles natürlich auch noch mitten in der Rezession und bei besonders hohen Steuersätzen vor der Krise.

Die Tatsache, dass sich diese ganze rationale Erwartungsökonomie schon seit einigen Jahren erheblichen Einwänden ausgesetzt sieht – egal. Und *Keynes* wird damit auch noch schnell beerdigt, obwohl dessen Politik sowohl in den 30er Jahren als auch im Zusammenhang mit der letzten Finanzkrise große Erfolge feiern konnte. Und mal ehrlich: Diese Erwartungskette – wir sparen, alles wird gut und jetzt geben wir unser zukünftig erhöhtes Einkommen aus – erscheint doch zumindest aus Laiensicht gelinde gesagt ein wenig gewagt. Das wäre natürlich nicht weiter schlimm, immerhin handelt es sich ja um einen wissenschaftlichen Aufsatz, der sich nicht an Laien richtet. Nur: Es sind doch genau diese ökonomischen Laien – nämlich wir alle –, die sich angeblich genau so verhalten, wenn sie mit ernsthafter Sparpolitik konfrontiert werden. Und jetzt die alles entscheidende hypothetische (und wohl auch rhetorische) Frage: Erkennen Sie sich in der genannten Erwartungskette wieder? Oder anders gefragt: Würden Sie diese Erwartungen erfüllen?

---

[45] *A. Alesina/R. Perotti*, Fiscal Expansions and Fiscal Adjustments in OECD Countries, NBER Working Paper Series 5241, August 1995 und *A. Alesina/S. Ardanga*, Tales of Fiscal Adjustment, Economic Policy 13 (1998), 489 ff.

Sie müssen aber. Denn andernfalls ist Austeritätspolitik auf keinen Fall expansiv, wie sie aber sein soll. Also, strengen Sie sich gefälligst an!

Soweit also die durchaus selbstbewusst vorgetragene Theorie. Aber die Autoren werden doch auch empirische Belege für ihre Thesen präsentiert haben, wie das in der Ökonomie üblich ist, oder nicht? Selbstverständlich. Die Ergebnisse fielen allerdings weniger deutlich aus, als man nach dem selbstbewussten Einleitungsvortrag erwarten konnte. Oder etwas anders ausgedrückt: Aus der Perspektive der Autoren waren sie eigentlich eher enttäuschend.

Sie untersuchten insgesamt zehn Fälle, in denen Staaten austeritätspolitisch aktiv geworden waren, nämlich Australien (1987), Belgien (1984-1985), Kanada (1986-1987), Dänemark (1983-1986), Griechenland (1986-1987), Irland (1983-1984 und 1987-1989), Italien (1993), Niederlande (1991) und Schweden (1986-1987). Nur in zwei dieser Fälle (Australien und Irland 1987-1989) kam es nach der Untersuchung tatsächlich zu expansiven Wirkungen. Hier hatten die Regierungen vornehmlich auf Sparmaßnahmen und Lohnvereinbarungen gesetzt. Zudem waren starke Abwertungen der jeweiligen Währungen den einzelnen Maßnahmen vorangegangen. Dänemark hingegen sei ein „gemischter Fall", wo die Wirtschaft während der Maßnahmen expandierte, anschließend aber zusammenbrach. Keinerlei expansive Wirkung zeigte sich in Irland (1983-1984), Kanada, Schweden, den Niederlanden und Griechenland. In diesen Fällen erfolgte die Anpassung allerdings auch vornehmlich durch Steuererhöhungen; eine vorherige Währungsabwertung erfolgte nur in zwei dieser Fälle. Die Lage in Belgien war unklar und über Italien ließ sich zum damaligen Zeitpunkt leider noch nichts sagen.

Dennoch: Die Autoren sahen diese Studien zumindest als schwache Bestätigung ihrer „Erwartungstheorie" an – immerhin hatten die beiden erfolgreichen Fälle ja vornehmlich auf Ausgabenkürzungen gesetzt. Zwei Fälle, die erfolgreich waren, als Bestätigung einer solchen Theorie, die das gesamte und in vielerlei Hinsicht empirisch bestätigte keynes'sche Gedankengebäude zum Einsturz bringen sollte? Bei zahlreichen unklaren Fällen und bestehenden Unsicherheiten über die Wirkung anderer Faktoren? Ein bisschen dünn.

Und die Zweifel werden nicht kleiner, wenn man die beiden „erfolgreichen Fälle" einmal etwas genauer unter die Lupe nimmt. Zunächst Australien: Hier ist schon die Darstellung der Fakten mehr als zweifelhaft, wie *John Quiggin* unlängst bemerkt hat.[46] Zu Steuererleichterungen und signifikanten Wohlstandskürzungen sei es nämlich gar nicht gekommen. Was *Quiggin* allerdings am meisten stört, ist die positive Bewertung des durch die Maßnahmen hervorgerufenen Investment-Booms, ausgelöst durch massive Deregulierung im Finanzbereich. Denn: Praktisch sofort im Anschluss schlidderte Australien aus genau diesem Grund in die schlimmste Rezession der Nachkriegszeit. Die Untersuchung endet also zufälligerweise genau da, wo noch alles gut ist, obwohl diese im Jahr 1998 erstellt wurde und die anschließende Rezession den Autoren also bekannt war bzw. zumindest bekannt sein musste. *Quiggin* bezeichnet die Untersuchung denn auch als „shoddy scholarship" („verpfuschte Wissenschaft"). So weit muss man sicher nicht gehen, aber als Beispiel für eine erfolgreiche Austeritätspolitik wird man Australien angesichts solcher Defizite kaum heranziehen können.

Bleibt also noch Irland. Wie sieht es denn hier aus? Leider nicht allzu gut, jedenfalls aus der Sicht der Austeritätsbefürworter. Denn auch hier bestehen im Ergebnis ganz erhebliche Zweifel an den von der Untersuchung dargestellten Kausalitäten. Was dort nämlich nicht erwähnt wird, ist die Tatsache, dass Irland möglicherweise einfach Glück mit dem Zeitpunkt seiner Austeritätspolitik hatte. Sie erfolgte als die internationale Wirtschaft gerade boomte und Großbritanniens Importe rapide zunahmen, wovon Irland nicht zuletzt aufgrund einer zuvor erfolgten Abwertung der eigenen Währung erheblich profitierte.

---

[46] *J. Quiggin*, Expansionary Austerity: Some Shoddy Scholarship, 2011.

Auf diese Zusammenhänge wurde denn auch seit 2007 durch mehrere Studien hingewiesen.[47] Und *Stephen Kinsella* betont noch einen weiteren wichtigen Faktor: In den drei Jahren zwischen 1986 und 1989 stieg der durchschnittliche Industrielohn in Irland um rund 14%.[48] Und das sorgte nicht nur für erhebliche Mehreinnahmen des Staates, sondern kurbelte auch den privaten Konsum deutlich an. Das ist dann aber alles andere als eine auf Spar-Austerität beruhende Erfolgsgeschichte. Und dieses Spiel könnte man mit praktisch allen Staaten, in denen eine strikte Sparpolitik zum angeblichen Erfolg führte fortsetzen. Überall zeigt sich bei näherer Betrachtung, dass die Dinge dann doch ein wenig oder sogar völlig anders liegen.[49] Mit anderen Worten: Die empirischen Belege für die Austeritätstheorie sind euphemistisch gesprochen eher dürftig. Die einzigen „erfolgreichen" Fälle hatten entweder andere Ursachen oder bildeten den Ausgangspunkt einer wirtschaftlichen Katastrophe. Sicherlich alles andere als überzeugend. Im Hinblick auf die Übertragung dieser Ideen auf die Situation in Griechenland kommen jedoch noch zwei weitere Aspekte hinzu, die jedenfalls zu allergrößter Vorsicht mahnen.

Zunächst nämlich spielt auch nach Ansicht der Autoren der Untersuchungen die Möglichkeit einer Abwertung der eigenen Währung vor der Einleitung der einzelnen Sparmaßnahmen eine wichtige, wenngleich nicht ganz eindeutige Rolle für den Erfolg. So jedenfalls war es in den beiden von ihnen präsentierten „Erfolgsfällen" und ökonomisch erscheint das auch nicht allzu weit hergeholt. Immerhin kann durch einen solchen

---

[47] *S. Kinsella*, Is Ireland Really the Role Model for Austerity?, Cambridge Journal of Economics 36 (2012), 223 ff.; *J. Considine/J. Duffy*, Tales of Expansionary Fiscal Contractions in Two European Countries: Hindsight and Foresight, National University of Ireland, Galway, Working Paper Series 120, June 2007; *R. Perotti*, „The Austerity Myth": Pain without Gain, Bank of International Settlements Working Paper 362, December 2011.
[48] *S. Kinsella*, Is Ireland Really the Role Model for Austerity?, Cambridge Journal of Economics 36 (2012), 223 (234).
[49] Ausführlich diskutiert *M. Blyth*, Austerity. The History of a Dangerous Idea, S. 205 ff. all diese Fälle.

Schritt ein erhebliches Maß an Wettbewerbsfähigkeit auf einen Schlag wieder hergestellt werden; er führt also noch vor der ersten Sozialkürzung bereits zu einer signifikanten Verbesserung der Ausgangssituation und wäre daher auch von Griechenland längst durchgeführt worden. Wenn er denn möglich wäre. Aber genau das ist ja in einer Währungsunion nicht mehr möglich. Währungsabwertungen innerhalb einer Währungsunion sind ausgeschlossen – wie dargelegt, liegt darin auch gerade der Sinn einer Währungsunion, die Währungsschwankungen beseitigen will. Ein zentraler Baustein des ohnehin mehr als fragwürdigen „Erfolgsmodells" fällt damit weg. Und zum anderen zeigten neuere Studien, dass Sparmaßnahmen zwar weniger einschneidend sein können als Steuererhöhungen. Das gilt aber wohl nur, wenn die Zentralbank stärkere Einbrüche durch eine Senkung der Zentralbankzinsen auffängt.[50] Nur: Angesichts des heute praktisch weltweit bereits bei null liegenden Zinsniveaus kommt auch dieser Schritt jedenfalls nicht mehr in Betracht.

All diese ernsthaften Zweifel an der Tragfähigkeit der Austeritätsidee konnten freilich nicht verhindern, dass sie im April 2010 Grundlage der europäischen Politik auch und gerade für (oder gegen?) Griechenland wurde. Im Jahr 2009 hatten die Autoren der Studie ein „Update" verfasst, welches sie in Kurzform den europäischen Wirtschafts- und Finanzministern auf ihrer Tagung in Madrid vorstellten.[51] In diesem Update hatten sie ihre Erwartungstheorie verfeinert und mit noch einmal sehr viel deutlicheren politischen Handlungsanweisungen versehen. Erneut sind es danach also nicht zuletzt die Verbraucher selbst, die glaubhafte Sparpolitik goutieren, ein erhöhtes Lebenseinkommen antizipieren und das zukünftige Geld schon

---

[50] D. Leigh/P. Devries/C. Freedman/J. Guajardo/D. Laxton/A. Pescatori, Will It Hurt? Macroeconomic Effects of Fiscal Consolidation, IMF World Economic Outlook, October 2010.
[51] A. Alesina/S. Ardanga, Large Changes in Fiscal Policy: Taxes versus Spending, NBER Working Paper 15434, October 2009.

heute für privaten Konsum nutzen. Auch alle anderen Marktteilnehmer „erwarten" in einer solchen Situation nur Positives von einem solchen Verhalten und konsumieren und investieren was das Zeug hält. Das gilt aber natürlich nur, wenn die Steuern nicht erhöht werden. Denn Steuererhöhungen, so heißt es ausdrücklich im dem Update, wirken kontrahierend, schwächen also die Wirtschaft. Hier dürfte denn auch der Grund gefunden sein, warum sich die Troika in Griechenland bis heute nicht allzu sehr um Steuererhöhungen und erst recht nicht um eine Vermögensteuer gekümmert hat. Gleiches gilt im Übrigen für die massiven Ausgabenprogramme, die die amerikanische Regierung im Zusammenhang mit der Finanzkrise aufsetzte, und welche die Autoren in ihrem Update daher auch deutlich kritisieren. Steuererleichterungen wären viel besser gewesen. Nur zur Erinnerung: Wie steht Amerika wirtschaftlich heute noch mal da? Richtig, es strotzt vor Kraft und das dürfte maßgeblich auf genau diese ach so schlimmen Konjunkturpakete zurückgehen. Exakt so, wie *Keynes* es vorhergesagt hatte. Und so wie das auch in Deutschland und fast allen anderen Staaten dieser Erde der Fall war, die auf die Herausforderungen der Finanzkrise entsprechend reagierten.

Das schlagkräftigste Argument aber hatte sich einer der Autoren für die Präsentation seiner Studie im Rat der Wirtschafts- und Finanzminister aufgehoben.[52] Wenn sich die politischen Entscheidungsträger für seine Theorie entscheiden sollten, müssen sie danach nicht einmal befürchten, ihren Job zu verlieren: „Contrary to the conventional wisdom these authors do not find that governments which reduce deficits drastically and systematically lose, either in terms of losing popularity or in terms of losing the next election."[53] Na wunderbar. Dann ist ja wirklich alles gut. Also los.

Einziges Problem: Wie die weitere Entwicklung in praktisch allen Krisenstaaten zeigen sollte, hatte diese doch eher gewagte

---

[52] *A. Alesina*, Fiscal Adjustments: lessons from recent history, April 2010.
[53] *A. Alesina*, aaO, S. 7.

No-Lose-These mit der Realität nun wahrlich überhaupt nichts mehr zu tun.

Sollte eine solch dürftige und empirisch praktisch nicht haltbare Theorie aber weiterhin als Blaupause für die europäische Rettungspolitik dienen? Für diejenigen unter Ihnen, die bei der Antwort noch immer zögern, seien noch zwei weitere Argumente genannt, die meines Erachtens eindeutig dagegen sprechen.

Erstens berücksichtigt die Austeritätsidee nicht hinreichend die tatsächlichen sozialen Auswirkungen einer solchen Sparpolitik in einer Gesellschaft. Selbst wenn das also theoretisch funktionieren sollte, wird es spätestens dann Probleme geben, wenn die Maßnahmen in der Bevölkerung als sozial ungerecht empfunden werden. Die Entwicklungen in praktisch allen Staaten bestätigen dies. Wenn die Autoren also schlicht von Kürzungen im Sozialsystem oder Verringerung der Löhne sprechen, dann mag das auf dem Papier erst einmal vergleichsweise harmlos klingen. In der Praxis bedeutet es aber eben genau das, was in Griechenland eingetreten ist – also Massenarbeitslosigkeit gefolgt von Massenarmut. Und so ein Zustand kann keine Gesellschaft ohne soziale Spannungen über einen längeren Zeitraum aushalten. Und das gilt erst recht, wenn die Theorie vorsieht, dass ein Großteil der vermögenden Bevölkerung von den einzelnen Maßnahmen mehr oder weniger verschont bleibt, wenn also der Eindruck entsteht, dass die Verteilung der Lasten sozial völlig unausgegoren ist. In dieser Hinsicht kann es manchmal eben auch um Symbolik gehen – wie nicht zuletzt der Rauswurf der Troika belegt. Und nur nebenbei: Das Ganze Ausmaß der sozialen Katastrophe zeigt noch einmal, wie verfehlt die theoretische Annahme ist, dass die Bevölkerung in einer solchen Situation, in der ja immer weitere Kürzungen drohen, von einem erhöhten zukünftigen Lebenseinkommen ausgeht und anfängt zu konsumieren. Würden Sie sich in einer solchen Situation so verhalten? Und woher sollten die dafür nötigen Mittel kommen, wenn man kaum die eigene Familie ernähren kann? Diese „neue soziale Frage" jedenfalls wird von den

Autoren nicht hinreichend berücksichtigt und zwar selbst dann nicht, wenn ihre Theorie ansonsten überzeugen könnte – was sie ja nicht kann.

Noch bedeutender aber scheint mir ein zweiter Gedanke. Ziel der Austeritätspolitik ist ja vornehmlich die Wiederherstellung der erforderlichen Wettbewerbsfähigkeit.[54] Diese Wettbewerbsfähigkeit besteht indes immer im Verhältnis zu anderen Volkswirtschaften, ist also relativ. Daraus aber folgt: Die erforderliche Wettbewerbsfähigkeit wird man dann nicht erreichen können, wenn alle gleichzeitig sparen. Wenn alle gleichzeitig ihre Wettbewerbsfähigkeit erhöhen, erhöht letztlich niemand seine Wettbewerbsfähigkeit. Oder anders ausgedrückt: Irgendwer muss auch noch Geld ausgeben, da der Sparer ansonsten ja überhaupt kein Einkommen mehr hat.[55] Genau so aber verhält es sich aktuell in der Eurozone. Sparen um jeden Preis ist ja nicht nur das Credo in Griechenland, Spanien, Italien und Zypern, sondern in allen Staaten der Eurozone einschließlich Deutschlands und sogar darüber hinaus. Sogar weltweit hat sich diese Philosophie weitgehend durchgesetzt und man kann nur von Glück reden, dass die USA sich diesbezüglich noch zurückhalten. Damit soll keineswegs einer unbegrenzten Schuldenaufnahme das Wort geredet werden. Entscheidend ist nur, dass man sich klar macht, dass der Abbau von Schulden in einem vernetzten Wirtschaftsraum eben besonderer Koordinierung bedarf. Alle gleichzeitig und so viel wie möglich, das geht eben nicht. Gerade Deutschland schlägt hier meines Erachtens seit einigen Jahren den falschen Weg ein. Denn obwohl Investitionen in vielen Bereichen – nicht zuletzt der Bildung – bitter nötig wären,[56] feiert die Regierung die erste schwarze Null seit mehreren Jahrzehnten, als wäre das ein ökonomischer Erfolg an sich. Sparen ist aber eben nicht immer gut, ebenso wenig wie

---

[54] Wie diese tatsächlich wieder erreicht werden kann, erläutere ich im 7. Kapitel.
[55] M. *Blyth*, Austerity, The History of a Dangerous Idea, S. 8.
[56] Siehe dazu zuletzt etwa M. *Fratzscher*, Die Deutschland-Illusion, 2014.

Schulden machen immer und per se schlecht ist. Auf die richtige Mischung kommt es an und hier ist das politische Pendel in den letzten Jahren weltweit allzu sehr auf die Seite der „bedingungslosen Staatsschuldenverteufler" ausgeschlagen – leider.[57] Das ist freilich noch einmal ein ganz anderes Thema, das an dieser Stelle nicht weiter vertieft werden kann.

Insgesamt aber, und das sollte durch diesen knappen Blick auf Griechenland im Jahr 2015 und das theoretische Fundament der bisherigen Austeritätspolitik deutlich geworden sein, ist die bisherige, vornehmlich auf Sparmaßnahmen reduzierte Rettungspolitik schlicht gescheitert: „Austerity doesn't work. Period."[58] *Paul Krugman* spricht insoweit richtigerweise vom „Einsturz eines Glaubensgebäudes".[59] Die durch die Wahl in Griechenland bewirkte Zäsur sollte insofern von allen Seiten genutzt werden, die bisherige Politik zu überdenken. In Griechenland läuft dieser Prozess zwangsläufig schon länger und man wird sicher sagen können, dass die griechische Regierung auch aus diesem Grund mit einigen Forderungen an ihre europäischen Partner schlicht überzogen hat. Alte Weltkriegsrechnungen wieder aufzumachen, wird man jedenfalls kaum als sonderlich produktiven oder aussichtsreichen Schritt bezeichnen können. Dennoch: Die anderen Eurostaaten, insbesondere Deutschland, tun gut daran, die enttäuschende Bilanz der bisherigen Politik nicht einfach zu ignorieren und einer ernsthaften Analyse zu unterziehen. Mit dem von *Paul Krugman* so eindrucksvoll beschriebenen und im Nachhinein wirklich nur sehr

---

[57] In Deutschland zeigt sich dies durch die auf Verfassungsebene eingeführte Schuldenbremse, die in vielerlei Hinsicht ökonomisch fragwürdig ist, in Europa ist mit dem Fiskalpakt Ähnliches vereinbart worden. Siehe dazu insgesamt *A. Thiele*, The German Way for Curbing Public Debt, European Constitutional Law Review 2015, i.E.
[58] *M. Blyth*, Austerity. The History of a Dangerous Idea, S. 229.
[59] *P. Krugman*, Austerität: Der Einsturz eines Glaubensgebäudes, Blätter für deutsche und internationale Politik 2013, S. 45 ff.

schwer nachvollziehbaren „Augen zu und durch Verhalten"[60] der Verantwortlichen lässt sich jedenfalls keine gute Politik machen. Dazu gehört vielmehr auch das Eingestehen von Fehlern. Und die bisherige Rettungspolitik war zumindest in ihrer konkreten Ausgestaltung ein solcher Fehler, der daher umgehend zu korrigieren ist. Wenn Austerität zumindest in dieser Form nicht funktioniert, ja sogar nicht funktionieren kann, bleibt eben nur eine Änderung der Politik.[61] Und der vor allem aus Deutschland immer wieder zu vernehmende Verweis darauf, dass geschlossene Verträge einzuhalten sind, ist dann schlicht deplatziert. Auf die Durchsetzung verfehlter Vorgaben zu beharren, ist jedenfalls kaum ein sonderlich überzeugendes Konzept. Ziel muss vielmehr eine Lösung für die Zukunft sein, die wirklich hilft – und zwar allen. Dazu müssen allerdings sowohl die Griechen als auch die Europartner endlich ihre ideologischen Panzer ablegen und unbefangen aber vor allem wirklich gemeinsam die Problemlösung angehen. Denn nur dann können „Logik und schlüssige Beweise [...] endlich doch noch anfangen, eine Rolle zu spielen."[62] Und das wäre doch schon Mal ein Anfang.

---

[60] P. *Krugman*, Austerität: Der Einsturz eines Glaubensgebäudes, Blätter für deutsche und internationale Politik 2013, S. 45 (58): „Die weitaus schlimmere Sünde war meiner Ansicht jedoch das, was danach geschah – als die Verantwortlichen so gut wie alles in den Wind schlugen, was die Wirtschaftswissenschaft je über den Umgang mit Depressionen herausgefunden hatte, und als Eliten und veröffentlichte Meinung sich bedenkenlos auf buchstäblich alles stürzten, womit sich ein Austeritätskurs rechtfertigen ließ." Und weiter: „Soweit Politiker und herrschende Meinung überhaupt auf wirtschaftswissenschaftliche Erkenntnisse zurückgegriffen haben, taten sie es wie der sprichwörtliche Trunkenbold am Laternenpfahl: Sie suchten krampfhaft nach Halt, aber nicht nach Erleuchtung. Wirtschaftswissenschaftliche Studien und Stimmen, die der Elite nach dem Munde redeten, wurden gefeiert, obwohl es reichlich Belegmaterial für ihre Haltlosigkeit gab. Kritiker ignorierte man, ganz gleichgültig, wie oft deren Aussagen sich bestätigten." Genau dazu darf es jetzt nicht mehr kommen.
[61] In diesem Sinne auch P. *Bofinger*, Zurück zur D-Mark?, S. 170.
[62] P. *Krugman*, Austerität: Der Einsturz eines Glaubensgebäudes, Blätter für deutsche und internationale Politik 2013, S. 45 (58). Krugman selbst ist sich allerdings skeptisch, ob die Politik bereits bereit ist, sich aus dem „Würgegriff der Austeritätspolitik" zu befreien.

Wie aber könnte eine solche Lösung nun aussehen? In der Öffentlichkeit wird hier vor allem über den Austritt oder sogar den Rauswurf Griechenlands aus der Währungsunion nachgedacht. Historisch wäre das im Übrigen nicht das erste Mal: Vor gut hundert Jahren, im Jahr 1908, wurde Griechenland schon einmal aus einer Währungsunion – der Lateinischen Münzunion – ausgeschlossen. Zuvor war jahrelang vergeblich versucht worden, das spätestens seit 1893 (mal wieder) insolvente Griechenland mit Finanzhilfen, Reformauflagen und Kontrollen wirtschaftlich aufzupäppeln.[63] Im Jahr 2015 hat diese Option denn auch für die deutsche Regierung ihren „Schrecken" verloren – zumindest wurde dies unmittelbar vor der Wahl mehr oder weniger absichtlich über den SPIEGEL publik gemacht. Aber erweist sich ein solcher Schritt – ggf. verbunden mit dem Austritt weiterer Südstaaten und der Einführung eines „Südeuro" – tatsächlich auch heute als sinnvolle Alternative zur bisherigen Austeritätspolitik, die ja nicht zuletzt einen solchen Austritt um jeden Preis verhindern wollte? Und: Wäre eine solche Lösung rechtlich überhaupt zulässig?[64]

---

[63] Die Lateinische Münzunion wurde 1865 zwischen Frankreich, Belgien, der Schweiz und Italien gegründet. Griechenland trat wenig später bei, was angesichts dessen finanzieller Situation allerdings schon damals höchst umstritten war. Dennoch sind die Fälle nur bedingt vergleichbar, da die Lateinische Münzunion gänzlich anders konstruier war, als die heutige Währungsunion. Nicht zuletzt war es damals allen Mitgliedstaaten gestattet, eigenes Papiergeld in Umlauf zu bringen.
[64] Interessanterweise werden die rechtlichen Schwierigkeiten gerade einer solchen Lösung von denjenigen, die sie befürworten kaum diskutiert, obwohl es sich nicht selten um die gleichen Personen handelt, die nicht müde werden auf die rechtliche Unzulässigkeit der bisherigen Maßnahmen hinzuweisen.

6. Alternative 1: Grexit?

Vielleicht fangen wir mit der rechtlichen Frage an: Wäre es also zulässig, dass Griechenland aus dem Euro ausscheidet, um anschließend wieder die Drachme einzuführen? Und wie müsste ein solches Verfahren eigentlich ablaufen? Frau *Merkel* hat insoweit schnell darauf verwiesen, dass „windige Juristen" darauf schon eine Antwort finden würden, wenn es tatsächlich so weit kommen sollte. Tun wir daher einmal so, als wären wir ein solch „windiger Jurist". Wie wäre ein Austritt Griechenlands dann zu bewerten? Ganz so einfach präsentiert sich die Situation nämlich nicht und die Politik tut gut daran, diese rechtlichen Fragen nicht einfach zu übergehen.

Bei der Europäischen Union handelt es sich zunächst einmal um einen völkerrechtlichen Vertrag, der zwischen allen Mitgliedstaaten geschlossen wurde. Das sogenannte Europarecht hat sich zwar seit der Gründung der Europäischen Wirtschaftsgemeinschaft 1958 in vielerlei Hinsicht von diesen völkerrechtlichen Grundlagen gelöst und sich als eigenständige – der Europäische Gerichtshof spricht von autonomer – Rechtsordnung etabliert. Gemeint ist hier der „supranationale" also überstaatliche Charakter des Europarechts, der nicht zuletzt dafür verantwortlich zeichnet, dass das europäische Recht in unser aller Leben eine so viel größere Rolle spielt, als sonstiges Völkerrecht.[65] Für die vertragliche Begründung der Unionsverträge selbst gilt diese Loslösung aber gerade nicht. Auch der aktuell gültige Vertrag von Lissabon ist in seiner jeweiligen Fassung also stets ein Vertrag zwischen allen Mitgliedstaaten – einschließlich Griechenlands. Das bedeutet: Er kann zwar geändert werden, dazu ist aber die Zustimmung aller Mitgliedstaaten notwendig. Und Zustimmung bedeutet hier: Eine einfache Einigung der Regierungschefs genügt nicht, vielmehr muss

---

[65] Zur den Besonderheiten des Europarechts siehe als Einführung *F. Schorkopf*, Der Europäische Weg, S. 41 ff. sowie – etwas stärker auf den juristischen Leserkreis ausgerichtet – *A. Thiele*, Europarecht, § 6.

eine solche Einigung in allen Staaten noch durch die Parlamente abgesegnet werden – man spricht vom Erfordernis der Ratifikation. In einigen Staaten (etwa Irland) ist in diesem Zusammenhang sogar die Abhaltung eines Referendums (also einer Volksbefragung) zwingend erforderlich. Das erklärt, warum Änderungen der Unionsverträge selbst nach der oftmals schwierigen Einigung auf Regierungsebene regelmäßig erst 24 Monate nach dieser Einigung in Kraft treten können. Kommt es auch nur in einem Mitgliedstaat zu Verzögerungen – etwa weil das Parlament nicht sofort zustimmt, ein Referendum negativ ausgeht oder das jeweilige Verfassungsgericht Bedenken äußert – kann sich dieser Prozess ganz erheblich verlängern. Unter Umständen kann eine Vertragsänderung auch gänzlich scheitern – so geschehen etwa beim sogenannten Verfassungsvertrag im Jahr 2005, der zwar von allen Staats- und Regierungschefs unterzeichnet wurde, anschließend aber aufgrund gescheiterter Referenden in Frankreich und den Niederlanden nie in Kraft getreten ist. Punktuelle Änderungen der Verträge können auch schon mal schneller gehen, das Prozedere ist aber grundsätzlich das Gleiche: Einigung der Regierungschefs und anschließende Ratifikation durch die nationalen Parlamente. So weit so gut.

Was aber heißt das für einen Austritt Griechenlands aus der Eurozone? Ganz einfach: Sofern ein solcher nicht in den bereits geltenden und ratifizierten Verträgen vorgesehen ist, setzte ein solcher eine Vertragsänderung voraus. Denn der Beitritt Griechenlands zur Eurozone wurde vertraglich zwischen allen Mitgliedstaaten vereinbart. Es steht ihnen natürlich frei, in diesem Beitrittsvertrag auch den Austritt zu regeln – so wie man auch bei privaten Verträgen etwa ordentliche und außerordentliche Kündigungsmöglichkeiten vorsehen kann. Wenn das aber nicht der Fall ist, ist ein Austritt prinzipiell nur möglich, wenn man sich mit allen Vertragspartnern auf einen solchen einigt. Haben die Mitgliedstaaten bei der Errichtung des Euro nun ein solches (außer)ordentliches Kündigungsrecht vereinbart? Die Antwort ist durch einen Blick in die Verträge schnell gefunden:

Nein. Es findet sich weder ein ausdrückliches und einseitiges Austrittsrecht, noch die ausdrückliche Möglichkeit, einen einzelnen Mitgliedstaat unter bestimmten Voraussetzungen aus der Eurozone auszuschließen. Also: Einmal beigetreten, immer beigetreten. Ein solches Austrittsrecht hätte dem angestrebten endgültigen Charakter des Euro auch eklatant widersprochen. Dieser war ja nicht als freiwilliges Angebot für die teilnehmenden Mitgliedstaaten gedacht, sondern als verbindliche und endgültige Entscheidung für eine einheitliche Währung. Auch für die Mitgliedstaaten der EU, die den Euro noch nicht eingeführt haben, sieht der Unionsvertrag daher vor, dass diese Mitgliedstaaten zumindest langfristig dem Euro beitreten. Rechtlich handelt es sich bei diesen Mitgliedstaaten insofern um Staaten, für die zwar aktuell eine Ausnahmeregelung gilt, die jedoch nicht für alle Ewigkeit Geltung beanspruchen soll. Zwar mag ein Beitritt Großbritanniens zum Euro in den nächsten Jahren und Jahrzehnten politisch völlig unrealistisch sein. Das ändert aber gerade nichts daran, dass Großbritannien rechtlich einen solchen Beitritt für die Zukunft anstrebt. Alles andere wäre im Übrigen auch für die Finanzmärkte ein gefundenes Fressen gewesen: Denn bei der ausdrücklichen rechtlichen Möglichkeit des Austritts oder des Ausschlusses eines Mitgliedstaats aus der Eurozone hätten diese natürlich von Anfang an auf einen entsprechenden Schritt spekuliert und ein Ausscheiden Griechenlands damit wohl erzwingen können – die Ankündigung des EZB-Präsidenten *Mario Draghi* vom Sommer 2012, alles zu tun, um den Euro zu erhalten, wäre insoweit sicher nicht halb so wirkungsvoll gewesen. Die Politik, allen voran *Angela Merkel*, hätte jedenfalls kaum behaupten können, dass mit einem Ausscheiden Griechenlands und anderer Staaten die Eurozone und damit Europa scheitert, wenn der rechtliche Rahmen ein solches Ausscheiden ausdrücklich vorsieht. Wir halten also fest: Ein ausdrücklicher Austritt aus der Eurozone ist vertraglich nicht vorgesehen. Ist ein Austritt damit aber rechtlich endgültig erledigt?

Sucht man in den Verträgen weiter nach anderen Austrittsrechten, so wird man im Vertrag von Lissabon am Ende tatsächlich fündig. In Artikel 50 des Unionsvertrags ist dort erstmals eine Regelung aufgenommen worden, die den Austritt eines Mitgliedstaats aus der gesamten EU regelt. In den vorherigen Verträgen fand sich eine entsprechende Regelung bisher nicht, auch die EU war und ist als dauerhafter Verband gedacht. Die Aufnahme eines Austrittsrechts gerade in den Vertrag von Lissabon sollte insofern nicht fehlinterpretiert werden, ist vielmehr als Reaktion auf den gescheiterten Verfassungsvertrag anzusehen. Dieser scheiterte ja nicht zuletzt, weil die EU von einigen durch den Verfassungsvertrag als zu staatsähnlich angesehen wurde.

Im Vertrag von Lissabon wurde daher nicht zuletzt auf einige eher symbolische Regelungen verzichtet, um diesen Bedenken entgegenzukommen. So findet sich heute etwa keine ausdrückliche Bestimmung zu den Symbolen der Union (wie Hymne oder Fahne). Faktisch hat das freilich wenig geändert, aber hier geht es eben oftmals auch um Symbolik. Und dazu gehört eben letztlich auch dieses formelle Austrittsrecht, das suggeriert, dass die EU den bisherigen politischen Primärraum des Nationalstaats noch nicht vollständig ablöst: Jeder Mitgliedstaat kann weiterhin frei über die Teilnahme an diesem Projekt entscheiden und das setzt notwendig auch ein Austrittsrecht voraus. Auch hier dürfte sich freilich in der Sache wenig geändert haben, denn ein Austritt eines Mitgliedstaats aus der EU hätte auch zuvor schon weder faktisch noch rechtlich verhindert werden können. Aber es ging eben um Symbolik. Tatsächlich wird in einigen Mitgliedstaaten mittlerweile auch mehr oder weniger offen über einen solchen Austritt diskutiert – nicht zuletzt in Großbritannien, das mit der UKIP sogar eine Partei kennt, die diesen Austritt zu ihrem vorrangigen Ziel erklärt hat. Was das über den Zustand der Integration möglicherweise insgesamt aussagt, ist indes ein anderes Thema, das an dieser Stelle nicht vertieft werden soll.

Art. 50 EUV regelt vornehmlich das Verfahren eines solchen Austritts, denn zwangsläufig sind in diesem Zusammenhang viele Fragen zu klären: Wann soll der Austritt wirksam werden? Wie sieht es mit eventuell bestehenden finanziellen Ansprüchen der EU aber auch des austretenden Mitgliedstaats aus? Wie soll die weitere Zusammenarbeit der Rest-EU mit dem austretenden Mitgliedstaat aussehen? Und so weiter und so weiter. Art. 50 EUV sieht daher richtigerweise vor, dass die EU mit dem austretenden Mitgliedstaat ein besonderes Abkommen schließt, in dem diese Fragen im Einzelnen geklärt werden. Auf Seiten der EU werden dabei die Kommission, der Rat und der Europäische Rat tätig. Dieses Abkommen bedarf dabei zusätzlich der Zustimmung durch das Europäische Parlament und anschließend auch der Ratifikation zumindest im austretenden Mitgliedstaat.

Diese Option stünde insofern auch Griechenland zu. Denn mit einem EU-Austritt wäre zwangsläufig auch der Austritt aus der Eurozone verknüpft. Allerdings dürfte dieser Schritt letztlich kaum im Interesse Griechenlands aber auch nicht der anderen Mitgliedstaaten liegen. Das wäre dann wohl doch etwas zu viel des Guten und einen solchen Schritt hat insofern auch noch niemand ernsthaft vorgeschlagen. Möglich wäre allenfalls ein sofortiger Wiedereintritt Griechenlands in die EU, dann aber als Staat mit Euro-Ausnahmeregelung, also außerhalb der Eurozone. Das würde indes nach Art. 50 Abs. 5 EUV ein erneutes Aufnahmeverfahren voraussetzen und das heißt nicht zuletzt: Eine erneute Ratifikation des Aufnahmevertrags in allen 28 Parlamenten. Die gesamte Lösung wäre gelinde gesagt also nicht nur äußerst umständlich, sondern auch mit einem ganz erheblichen Zeitaufwand verbunden.

Sinnvoller wäre es daher, den GREXIT durch eine partielle Vertragsänderung herbeizuführen. Ein solches von allen 28 Mitgliedstaaten zu unterzeichnendes Abkommen, würde Griechenland also den Status eines Mitgliedstaats mit Euro-Ausnahmeregelung zuweisen, ohne die Mitgliedschaft in der gesamten EU anzutasten und wäre rechtstechnisch damit als partielle Vertragsänderung einzustufen. Rechtlich dürfte ein solcher Vertrag wohl zulässig sein. Entgegenstehen könnte hier allein der oben artikulierte Gedanke der Endgültigkeit der Währungsunion. Wenn deren Fortbestand freilich durch die Mitgliedschaft eines praktisch insolventen und wirtschaftlich zu schwachen Mitgliedstaats wie Griechenland bedroht erscheint, dürfte dies ein gemeinsames Abweichen von der Endgültigkeit tragen. Ein solcher Vertrag bedürfte allerdings nach allgemeinen Regeln der Ratifikation durch alle Mitgliedstaaten.[66] Bis ein solcher Austrittsvertrag in Kraft treten könnte dürften also einige Monate vergehen – eine schnelle und womöglich gar heimliche Lösung an den Finanzmärkten vorbei, wäre angesichts dieser rechtlichen Vorgaben freilich undenkbar.

Rechtlich wohl letztlich nicht zu verhindern, wäre schließlich der einseitige Austritt Griechenlands aus der Währungsunion. Die Souveränität Griechenlands würde einem solchen Schritt zumindest faktische Wirksamkeit verleihen, wenngleich er rechtlich jedenfalls überaus problematisch erschien und wohl unzulässig wäre. Vollzogen würde eine solch einseitige Lösung letztlich durch schlichte Ankündigung gegenüber den anderen Mitgliedstaaten und der tatsächlichen Wiedereinführung der Drachme.[67] Die anderen Mitgliedstaaten könnten gegen einen solchen Schritt zwar rechtlich vor dem EuGH vorgehen. Zu verhindern wäre er aber nicht – man spricht von der normativen Kraft des Faktischen. Politisch wäre das aber aus der Perspektive Griechenlands ein überaus riskantes Manöver. Denn es wäre völlig unklar, wie sich dies etwa auf die Mitgliedschaft Griechenlands in der EU und überhaupt auf das Verhältnis zu den anderen Mitgliedstaaten der Eurozone auswirken würde.

Jedenfalls rechtlich ausgeschlossen dürfte es schließlich sein,

---

[66] Denkbar wäre zudem eine anschließende Kontrolle durch den EuGH. Dieser dürfte indes den Konsens aller 28 Mitgliedstaaten kaum torpedieren.
[67] Auch das klingt allerdings einfacher als es tatsächlich ist. Denn allein der Druck der erforderlichen Geldscheine dürfte einige Monate in Anspruch nehmen.

Griechenland gegen seinen Willen vor die Eurozonentür zu setzen. Ein einseitiger Rauswurf ist in den Verträgen weder vorgesehen und kommt auch nach allgemeinen Regeln des Völkerrechts nur in extremen Ausnahmefällen als Sanktion in Betracht. Das Verhalten Griechenlands dürfte diese Schwelle aber noch nicht übertreten haben.

Was bleibt damit aus rechtlicher Perspektive als Antwort an Frau *Merkel*? Was werden ihr die findigen Juristen mitteilen? Ein Austritt ist möglich aber letztlich nur durch eine gemeinsame Vereinbarung aller Mitgliedstaaten und anschließender Ratifikation in allen Mitgliedstaaten. Ein einseitiger Austritt wäre rechtlich bedenklich, hätte völlig unklare Auswirkungen, wäre aber faktisch im Ergebnis nicht zu verhindern. Ein einseitiger Rauswurf Griechenlands wäre indes ausgeschlossen. Vor allem aber: Ein schneller Austritt, so viel steht fest, ist praktisch unmöglich. Will man diese rechtlichen Vorgaben nicht verletzen – und das sollte gar nicht erst in Erwägung gezogen werden – ist ein Austritt Griechenlands aus der Eurozone damit keine Option, die als kurzfristige rechtlich unbedenkliche Lösung ernsthaft in Betracht kommt.

Neben diesen rechtlichen „Schwierigkeiten" sprechen allerdings noch einige weitere Gründe gegen einen GREXIT. Schauen wir zunächst auf das Problem der Staatsverschuldung. Mit einem Austritt aus der Eurozone wäre zwingend die Einführung einer eigenen Währung verbunden – vermutlich der Drachme. Die griechische Regierung könnte diese nun zwar endlich wieder selbst drucken – und zwar zumindest theoretisch in unbegrenzter Höhe. Hier liegt allerdings auch gleich wieder das Problem: Die neue Währung wäre im Vergleich zum Euro oder zum Dollar praktisch wertlos. Eine Rückzahlung der bisherigen Schulden, die ja vornehmlich in Euro nominiert sind, wäre damit faktisch ausgeschlossen. Damit dürften auch die bisher geleisteten Hilfskredite verloren sein. Das sollte für die anderen Eurostaaten zwar verkraftbar sein, aber ist das wirklich eine sinnvolle Lösung? Dabei sollte auch berücksichtigt werden, dass Griechenland sich möglicherweise auch nach neuen Geldgebern umschaut. Russland? China? Ohnehin wäre es mehr als wahrscheinlich, dass die EU schon aus diesem Grund Griechenland auch nach einem Austritt finanziell unterstützen würde. Rechtlich wäre eine solche Unterstützung vergleichsweise unproblematisch solange Griechenland zumindest EU-Mitglied bleibt. Art. 122 AEUV sieht entsprechende Hilfen ausdrücklich vor.[68] Im Zusammenhang mit der Finanzkrise sind sie anderen EU-Staaten außerhalb der Währungsunion (etwa Ungarn) auch auf überaus geräuschlose Weise geleistet worden. Angesichts dieser Präzedenzfälle ließe sich sogar darüber nachdenken, dass Griechenland nach einem Austritt aus der Eurozone einen Anspruch auf ähnliche finanzielle Hilfsleistungen haben könnte. Einen klaren Schnitt im Hinblick auf finanzielle Unterstützung dürfte daher auch durch einen Austritt nicht zu erzielen sein. Aber immerhin: Der europäische Bankensektor dürfte eine solche Insolvenz Griechenlands heute wohl einigermaßen heil überstehen, nachdem er sich vom Großteil der griechischen Staatsanleihen getrennt hat.

Schauen wir uns aber zweitens die Situation im griechischen Inland ein wenig genauer an. Zunächst der Bankensektor. Dieser würde angesichts der immensen Mengen an griechischen Staatsanleihen, die in den Bilanzen der griechischen Banken weiterhin schlummern praktisch von heute auf morgen zusammenbrechen. Diese Anleihen wären ja nun mehr oder weniger wertlos. Allerdings: Ein solcher Zusammenbruch könnte wohl

---

[68] Art. 122 AEUV lautet: (1) Der Rat kann auf Vorschlag der Kommission unbeschadet der sonstigen in den Verträgen vorgesehenen Verfahren im Geiste der Solidarität zwischen den Mitgliedstaaten über die der Wirtschaftslage angemessenen Maßnahmen beschließen, insbesondere falls gravierende Schwierigkeiten in der Versorgung mit bestimmten Waren, vor allem im Energiebereich, auftreten.
(2) Ist ein Mitgliedstaat aufgrund von Naturkatastrophen oder außergewöhnlichen Ereignissen, die sich seiner Kontrolle entziehen, von Schwierigkeiten betroffen oder von gravierenden Schwierigkeiten ernstlich bedroht, so kann der Rat auf Vorschlag der Kommission beschließen, dem betreffenden Mitgliedstaat unter bestimmten Bedingungen einen finanziellen Beistand der Union zu gewähren. Der Präsident des Rates unterrichtet das Europäische Parlament über den Beschluss.

dadurch verhindert werden, dass diese Anleihen gesetzlich in nunmehr in Drachme nominierte Anleihen umgewandelt werden. Diese könnte der Staat dann ja auch problemlos durch Anwerfen der Druckerpresse bedienen. Nur international wären diese Anleihen praktisch nicht mehr handelbar, mit der Folge, dass Griechenland sich zukünftig praktisch nur noch im eigenen Land verschulden könnte. Eine Hinterlegung als Sicherheit bei der EZB wäre in jedem Fall ausgeschlossen, angesichts des Austritts aus der Eurozone aber auch nicht mehr erforderlich. Ihr Zentralbankgeld erhielten die griechischen Banken ja nun durch die neu zu gründende griechische Zentralbank. Also alles gut?

Nicht ganz. Richtigerweise dürfte das griechische Bankensystem nämlich schon unmittelbar vor Einführung der Drachme zusammenbrechen. Warum? Ganz einfach: Was würden Sie tun, wenn sie wüssten oder zumindest davon ausgingen, dass ihre aktuelle „harte" Währung demnächst gegen eine international praktisch wertlose „weiche" Währung ausgetauscht werden würde? Richtig: Sie würden versuchen, soviel Geld wie möglich in alter Währung zu sichern. Jedenfalls würden Sie kaum ruhig abwarten und zusehen, wie ihr heute noch in Euro geführtes Konto morgen in Drachme umgewandelt wird. Mit anderen Worten: Schon bei den leisesten Gerüchten über einen GREXIT käme es zu einem Bankrun, der dem griechischen Bankensystem das Genick brechen würde. Praktisch alle griechischen Sparer würden gleichzeitig versuchen, ihr Geld abzuheben und unters Kopfkissen zu legen, denn ob die europäische Einlagenversicherung, die Einlagen generell bis 100.000 Euro absichert hier noch griffe, erscheint jedenfalls unsicher. Durch eine staatlich angeordnete sofortige Schließung aller Banken bis zur endgültigen Umstellung auf Drachme ließe sich ein Bankrun zwar möglicherweise verhindern, denn dadurch würde ein Abzug der Einlagen verhindert werden. Nur: Das müsste einerseits sehr schnell erfolgen und andererseits wäre kaum absehbar, was ein solcher Schritt für Konsequenzen in der Bevölkerung hätte – gewalttätige Auseinandersetzungen wären keineswegs überraschend und die Banken müssten vermutlich unter Militärschutz gestellt werden. Nicht gerade sonderlich erstrebenswerte Zustände.

Dass es so oder so ähnlich tatsächlich kommen würde, belegen dabei nicht zuletzt die Erfahrungen im Januar und Februar 2015: Praktisch umgehend nach der Wahl, vor allem aber als eine Einigung über eine Zwischenfinanzierung in dieser Zeit auf der Kippe stand, versuchten viele griechischen Bankkunden ihre Schäfchen ins Trockene zu bringen. Mehrere hundert Millionen Euro wurden dadurch dem griechischen Bankensystem entzogen und auf ausländische Konto transferiert oder einfach unters Kopfkissen gelegt – und zwar täglich! Für die griechischen Banken stellte schon dieser Umstand eine enorme zusätzliche Belastung dar, die daher auch dafür verantwortlich zeichnete, dass die bewilligten ELA-Notkredite für die griechischen Banken innerhalb weniger Tage von 60 zunächst auf 65 und dann auf 68 Milliarden erhöht wurden. Mit der Einigung über die Programmverlängerung für die nächsten vier Monate konnte ein richtiger Bankrun zwar erst einmal verhindert werden. Sollte es aber bei neuerlichen Unsicherheiten über die Mitgliedschaft Griechenlands im Euroraum tatsächlich zu einem solchen kommen, wäre das das definitive Ende, denn einen solchen kann keine Bank überstehen, da die Summe der Einlagen die Summe des vorhandenen Bargelds um ein Vielfaches übersteigt. Irgendwann geht also nichts mehr, obwohl noch hunderte oder tausende von Kunden nicht ausbezahlt worden sind. Und dann? An frische Euro kommt eine solchermaßen zahlungsunfähige Bank grundsätzlich nicht mehr, erst recht nicht, wenn der Euroaustritt unmittelbar bevorsteht. Die nicht ausbezahlten Kunden haben jetzt also noch weniger als bei der Umwandlung ihres bisherigen in ein Drachmenkonto: Nämlich nichts. Beziehungsweise völlig wertlose Ansprüche gegen eine absolut insolvente griechische Bank. Also zumindest faktisch nichts. Die griechische Regierung könnte nach einem Austritt aus der Eurozone dann zwar wieder für frisches Geld für die

Banken sorgen – aber eben Drachme und keine Euro und wie sich deren Wert innerstaatlich entwickelt ist mehr als ungewiss. Zu vermuten ist, dass diese Währung auch innerstaatlich nicht sonderlich gut ankommt, sondern stetig und möglicherweise auch sehr schnell an Wert verliert, es also zu starker und eventuell sogar unkontrollierter Inflation kommt. Denn Stabilität einer Währung setzt Vertrauen voraus.[69] Und? Würden Sie der neu eingeführten Drachme ein solches Vertrauen entgegenbringen? Was ein solchermaßen praktisch vollständiger Zusammenbruch des Bankensystems für eine Volkswirtschaft bedeutet, lässt sich nur schwer vorstellen. Im Zusammenhang mit der Finanzkrise konnte ein solcher ja durch das beherzte Eingreifen der Politik gerade noch verhindert werden. Aber wie würden Sie reagieren, wenn Sie Ihr Erspartes praktisch von heute auf morgen verlieren? Und das auch noch ohne Arbeitsstelle? Denn den griechischen Unternehmen, jedenfalls solchen die in Euro im Ausland verschuldet sind, würde die Einführung einer solchermaßen schwachen neuen Währung wohl ebenfalls das Genick brechen. Denn wovon sollten sie diese Schulden nun zurückbezahlen? Es käme also zu massenhaften Unternehmenspleiten. Und selbst dort, wo dies nicht der Fall ist, dürften die europäischen Vertragspartner zukünftig nur noch gegen Vorkasse zu liefern bereit sein. Aber wie sollte ein griechisches Unternehmen das leisten können?

Die prekäre soziale Situation in Griechenland würde sich damit noch einmal erheblich verschärfen. Auch gewaltsame Auseinandersetzungen bis hin zum Bürgerkrieg sind dann keineswegs mehr völlig ausgeschlossen – zumindest in Argentinien kam es nach der Staatspleite im Jahr 2002 jedenfalls vereinzelt zu gewalttätigen Auseinandersetzungen. Wie die deutsche Regierung angesichts solcher Aussichten behaupten kann, der GREXIT habe seinen Schrecken verloren, ist damit nicht einmal

---

[69] Das gilt übrigens generell für die Stabilität des jeweiligen Finanzsystems. Und verlorenes Vertrauen wieder herzustellen ist sehr viel schwieriger als vorhandenes Vertrauen zu verspielen, was nicht zuletzt durch die mit der Lehman-Pleite verknüpfte Finanzkrise belegt hat. Siehe dazu auch *A. Thiele*, Finanzaufsicht, S. 79 ff.

dann nachvollziehbar, wenn sie wirklich nur auf die deutschen Interessen schaut. Denn an einer so unsicheren Situation, mitten in Europa kann auch Deutschland kein Interesse haben – ein Blick auf Syrien und die Ukraine sollte als Beleg mehr als ausreichen.

Das Problem mit dem GREXIT ist vor diesem Hintergrund damit vor allem ein Übergangsproblem: Ökonomisch wäre es also durchaus bedenkenswert, Griechenland aus dem Euro zu entlassen, die Drachme wieder einzuführen und Griechenland dadurch die Möglichkeit zur eigenständigen wirtschaftlichen Erholung außerhalb des Wettbewerbsdrucks einer Währungsunion zu ermöglichen. Nur: Der Weg dorthin führt mit an Sicherheit grenzender Wahrscheinlichkeit über den vollständigen ökonomischen Zusammenbruch Griechenlands. Das kann man für akzeptabel halten – es zu verschweigen, wenn man über den GREXIT redet, ist hingegen schlicht unredlich.[70]

Gleiches gilt insofern auch für den weitergehenden Vorschlag *Wolfgang Streecks*, den dieser unlängst in der ZEIT veröffentlicht hat.[71] Darin plädiert *Streeck* für eine Abschaffung des „Monstrums Währungsunion", um „Europa als friedlich geteiltes Erbe gemeinsam hervorgebrachter kultureller Vielfalt nicht auf dem Altar einer kapitalistischen Einheitswirtschaft und -währung zu opfern". Ziel solle daher die Einführung eines Nord- und eines Südeuros sein. Eine zweifellos interessante Idee, keine Frage. Aber wie das Übergangsproblem zu lösen sein soll, das sich hier übrigens in Form eines Zusammenbruchs der Bankensysteme aller am Südeuro beteiligten Mitgliedstaaten präsentiert, wird nicht näher ausgeführt. Insoweit findet sich bei *Streeck* nur der Hinweis, dass die Abwicklung „sozial verträglich" zu gestalten wäre. Das kann angesichts der enormen Risiken aber nicht reichen. Oder anders ausgedrückt: Wer eine solch radikale Lösung präsentiert, muss auch erklären,

---

[70] Siehe auch *M. Hellwig*, Der Vergleich hinkt, Süddeutsche Zeitung vom 23.2.2015, S. 18: „Dieses Verdrängen der Schwierigkeiten ist nicht akzeptabel."
[71] Die Zeit vom 5.2.2015, S. 40.

dass er weiß, welche Risiken mit einem solchen Schritt verbunden wären und das er entweder bereit ist, diese hinzunehmen oder weiß, wie sie zu lösen wären. Alles andere ist zu wenig – immerhin reden wir hier im schlimmsten Fall von Bürgerkriegsgefahren für halb Europa.

Selbst dann aber wären sowohl der GREXIT als auch die streeck'sche Lösung (und möglicherweise trotz der damit verbundenen Gefahren) nur insoweit eine sinnvolle Alternative zur bisherigen Austeritätspolitik, als die damit verknüpfte Ausgangsthese richtige wäre, wenn sich also tatsächlich keine andere Möglichkeit finden sollte, Griechenland auch innerhalb der Eurozone wieder auf die wirtschaftlichen Beine zu verhelfen. Denn eine solche Lösung dürfte aus einigen weiteren Gründen einer Austrittslösung überlegen sein: Zunächst wäre der erzwungene Austritt eines Mitgliedstaats aus der Eurozone sicherlich ein politischer und ökonomischer Dammbruch. Politisch, weil es letztlich das Eingeständnis wäre, dass die Rettungsmaßnahmen der vergangenen fünf Jahre vollständig gescheitert sind. Das dürfte unweigerlich auch in anderen betroffenen Mitgliedstaaten politische Strömungen stärken, die sich für einen Austritt aus der Eurozone einsetzen und könnte damit das gesamte Euro-Projekt ernsthaft gefährden. Und die Finanzmärkte dürfte ein solcher Präzedenzfall auch nicht kalt lassen. Warum sollte man jetzt nicht sein Glück versuchen und auf einen Austritt Portugals aus der Währungsunion spekulieren? Oder Zyperns? Oder Spaniens? Völlig ausschließen – wie bisher – könnte die Politik einen solchen Schritt ja nicht mehr, nachdem ein Mitgliedstaat die Eurozone bereits verlassen hat.[72] Das wäre dann zugleich eine ganz persönliche Niederlage *Angela Merkels*, die für die bisherige Rettungspolitik steht wie keine andere. Und nebenbei: Eine solche politische Niederlage der mächtigsten Frau Europas könnte auch weltpolitische Konsequenzen haben: Wenn Frau *Merkel* nicht einmal in Europa re-

---

[72] Siehe auch *P. Bofinger*, Zurück zur D-Mark?, S. 143.

üssieren kann – wie soll sie dann erfolgreiche Weltpolitik betreiben? Das ist zwar für sich genommen kein Grund, gegen die Austrittslösung zu optieren, dürfte aber erklären, warum sich *Angela Merkel*, wenn es denn eine zumindest gleichwertige Option ohne Austritt gibt, immer für diese entscheiden wird.

Und zuletzt und vielleicht am Wichtigsten: Eine Lösung, die Griechenland in der Eurozone hält, wäre vor allem ein deutliches Signal der Solidarität innerhalb der Eurozone und der gesamten EU. Griechenland hat Probleme, aber das sind dann eben auch unsere Probleme und wir lassen Griechenland nicht einfach fallen. Wenn es geht, stehen wir zusammen. Wo stünde Deutschland heute, wenn es nach dem Zweiten Weltkrieg nicht auch eine solche Solidarität erfahren hätte (welche Motive im Einzelnen auf amerikanischer Seite auch immer dahinterstanden?).

Damit aber stellt sich die Frage: Gibt es eine solche Lösung, die die aktuelle Krise beendet, ohne dass Griechenland den Euro verlassen muss? Ich glaube ja.

7. Alternative 2: Neue Rettungskonstruktion

Um ein drittes Rettungspaket wird man ab Juli 2015 letztlich kaum vorbeikommen – und zwar unabhängig davon, ob Griechenland die Eurozone verlässt oder nicht. Denn auch bei einem Austritt würde Griechenland ja mit ziemlicher Sicherheit finanzielle Hilfen brauchen, um nicht in völligem Chaos zu versinken. Bei einem Verbleib in der Eurozone dürfte der Finanzbedarf Griechenlands für die kommenden drei Jahre bei etwa 30-40 Milliarden Euro liegen.[73] Um diese Kreditsumme wird es also wohl gehen – so oder so. Wenn man freilich verhindern will, dass in drei Jahren das nächste Rettungspaket geschnürt werden muss, gilt es folgende drei Probleme der bisherigen Rettungspolitik anzugehen:

- Erstens: Die Staatsverschuldung Griechenlands ist im Zusammenhang mit der bisherigen Eurorettung gestiegen und nicht gesunken und steht heute auf einem definitiv untragbaren Niveau.
- Zweitens: Die bisherigen Reformauflagen verlangen soziale Opfer, die der Großteil der Bevölkerung nicht mehr zu akzeptieren bereit ist.
- Die finanzielle Unterstützung kommt bisher praktisch nicht in der griechischen Wirtschaft selbst an, sorgt also nicht für Wachstum, sondern hat vornehmlich der Bankenrettung gedient.

Das Problem der Staatsverschuldung

Schauen wir uns diese Dinge einmal der Reihe nach an. Zunächst also zum Problem der Staatsverschuldung. Diese liegt

---

[73] Die Höhe der Finanzhilfen bei einem Austritt Griechenlands ist allerdings kaum sicher vorherzusagen, denn das hängt zwangsläufig davon ab, welches Ausmaß das durch den Austritt bewirkte Chaos tatsächlich erreicht. Sehr viel „günstiger" dürften die Europartner aber kaum wegkommen.

heute bei rund 175% des griechischen BIP und ist damit eindeutig nicht mehr tragbar. Sie muss daher zumindest langfristig reduziert werden. Die einfachste Lösung, um diesen Schuldenberg abzutragen, wäre zwangsläufig ein Schuldenschnitt – zu dem es ja im Zusammenhang mit dem zweiten Hilfspaket bereits gekommen ist. Die Staatsverschuldung wäre dann – natürlich abhängig vom Umfang eines solchen Schuldenschnitts – praktisch von heute auf morgen auf ein tragfähiges Niveau reduziert, indem die Gläubiger Griechenland seine Schulden partiell oder vielleicht sogar vollständig erlassen. Wäre das dann nicht der beste Weg? Auch die griechische Regierung hatte ja einen solchen Schuldenschnitt im Wahlkampf gefordert und trat dafür auch noch einige Tage nach der Wahl öffentlich und insbesondere gegenüber den Europartnern ein. Mittlerweile sind jedoch sowohl *Alexis Tsipras* als auch sein Finanzminister *Yanis Varoufakis* von dieser Forderung vorerst abgerückt. Und zwar zu recht. Gegen diesen Weg sprechen nämlich gleich mehrere Gründe.

Zunächst wäre ein solcher Schuldenschnitt zumindest in Griechenland zwar denkbar, ohne das europäische Bankensystem ernsthaft zu gefährden. Der Großteil der griechischen Staatsanleihen wird ja mittlerweile von öffentlich-rechtlichen Institutionen gehalten, vor allem den Mitgliedstaaten und der EFSF. Die europäischen Banken und Versicherungen würde eine griechische Teilinsolvenz also nicht mehr schrecken. Das bedeutet damit aber auch: Ein solcher Schuldenschnitt würde beinahe ausschließlich auf Kosten der anderen Mitgliedstaaten gehen, da entweder ihre eigenen Kredite ausfallen oder für die von der EFSF aufgenommenen Kredite der Haftungsfall eintritt. Das dürfte nicht zuletzt dem deutschen Steuerzahler wenig freuen und es wäre auch in der Tat kaum einzusehen, warum dieser praktisch vollständig für die griechische Staatsverschuldung gerade stehen soll. Politisch jedenfalls kaum vorstellbar, dass so etwas eine Abstimmung im Bundestag – und eine solche wäre erforderlich – überstehen würde.

Darüber hinaus wäre ein solcher Schritt aber ein ganz verheerendes Signal an die anderen Krisenstaaten, die ja – wie oben ausgeführt – ebenfalls ganz erheblich unter ihrer Schuldenlast leiden. Warum sollten sie sich noch anstrengen, wenn man doch auf einen Schuldenschnitt bauen, ihn jetzt vielleicht sogar verlangen kann, wenn die Staatsschulden untragbar werden? Auch Portugal, Irland und Italien leiden ja unter ihren Staatsschuldenquoten. Also weg damit. Das allerdings würde nicht nur die mitgliedstaatlichen Haushalte erheblich belasten, sondern wahrscheinlich auch das europäische Bankensystem. Die Unsicherheit über die Insolvenzfestigkeit der Mitgliedstaaten der Eurozone würde die Finanzmärkte jedenfalls ganz schön ins Schwitzen bringen, und die Auswirkungen für die wirtschaftliche Entwicklung in ganz Europa – vielleicht sogar darüber hinaus – wären nur äußerst schwer zu prognostizieren.

Gegen einen Schuldenschnitt spricht aber vor allem die Tatsache, dass es sich bei Griechenland keineswegs um ein wirklich armes Land handelt, dem man Schulden erlassen müsste. Ganz im Gegenteil: Es ist ausreichend Vermögen vorhanden, um die bestehenden Staatsschulden mittel- bis langfristig bedienen zu können – und zwar selbst dann, wenn Griechenland nicht stückweise seine schönen Inseln verscherbelt. Denn: Gerade bei den „Superreichen" Griechen hat das Vermögen in der Krise sogar noch einmal zugenommen. Ich werde darauf sogleich bei der Frage der Neuausrichtung der Kreditauflagen zurückkommen. Für Staaten mit ausreichend Vermögen erweist sich das Institut des Schuldenschnitts aber schlicht als unangemessen.

Drittens würde allein mit einem Schuldenschnitt auch kurzfristig nur vergleichsweise wenig erreicht. Denn zwar wäre die Schuldenquote damit auf einen Schlag möglicherweise erheblich reduziert. Griechenland hätte dadurch aber zunächst auch noch keinen einzigen Euro eingenommen. Zwar würde es nun natürlich weniger Tilgungs- und Schuldendienst leisten müssen. Dieser ist aber bereits heute außerordentlich gering, da die

Rückzahlungsleistungen für die bestehenden Kredite größtenteils gestundet sind oder erst in einigen Jahren beginnen. In dieser Hinsicht sind die europäischen Geldgeber der griechischen Regierung also bereits sehr entgegen gekommen. So wird eine Tilgung für die bilateralen Kredite des ersten Hilfspakets erst ab dem Jahr 2020 und zwar mit einer Jahresrate von rund 706 Millionen Euro fällig. Die Tilgung für die EFSF-Kredite beginnt sogar erst 2023 mit einer Jahresrate von 2,3 Milliarden Euro. Lediglich der IWF und die EZB verlangen schon heute ihr Geld – würden sich aber bei einem Schuldenschnitt vermutlich ohnehin nicht beteiligen, so dass finanzielle Hilfen zumindest für diese Kredite auch bei einem Schuldenschnitt weiterhin nötig wären. Die Zinszahlungen für den Großteil der EFSF-Kredite sind ebenfalls bis 2022 gestundet, für die bilateralen Kredite muss Griechenland aktuell 0,58% Zinsen zahlen – also sehr wenig. Zum Vergleich: Die deutsche Staatsschuld ist im Schnitt mit rund 2,7% verzinst. Insgesamt muss Griechenland nach aktuellen Schätzungen wohl etwas weniger als 2% seiner Wirtschaftsleistung für Zinsen aufbringen und damit ungefähr so viel wie Deutschland (1,8%) aber deutlich weniger als Frankreich (2,3%). Von einer erdrückenden Schuldenlast kann damit zum gegenwärtigen Zeitpunkt nicht wirklich die Rede sein, auch wenn Griechenland aktuell finanzielle Hilfen braucht, um den fälligen Teil dieser Schulden zu bedienen.[74] Jedenfalls wäre der Spareffekt durch einen Schuldenschnitt zumindest in den nächsten fünf bis acht Jahren wohl eher gering.

Dieser würde sich aber gleichwohl zumindest dann lohnen, wenn Griechenland auf diesem Weg wieder den ersehnten Zugang zum Finanzmarkt erhalten würde. Genau das ist aber wahrscheinlich nicht der Fall. Denn der Schuldenschnitt allein ändert ja noch nichts an der tatsächlichen wirtschaftlichen Situation in Griechenland. Die Finanzmärkte vergeben Kredite zu angemessenen Konditionen jedoch nur dann, wenn sie davon

---

[74] Der Primärüberschuss liegt (noch) unter dieser 2%-Marke, so dass weitere finanzielle Hilfen notwendig sind, um diese Differenz zu überbrücken.

ausgehen, dass sie ihr Geld auch wiedersehen, wenn sie dem Schuldnerstaat also das notwendige Vertrauen in dieser Hinsicht entgegenbringen. Und würden Sie einem Staat zutrauen, seine Schulden zurückzuzahlen, nur weil dieser gerade die alten Schulden erlassen bekommen hat, innerstaatlich aber sonst nichts geändert hat? Wohl kaum. Insofern wäre Griechenland auch nach einem solchen Schuldenschnitt zumindest vorerst auf eine Zwischenfinanzierung durch die anderen Mitgliedstaaten angewiesen. Wenn das aber so ist, und Griechenland aktuell mit den bestehenden Schulden ohnehin nicht besonders belastet ist, dann braucht es zumindest in den nächsten Jahren auch keinen Schuldenschnitt. Richtigerweise sollte man daher die finanziellen Hilfen, die für die Schuldenbedienung noch notwendig sind erst einmal leisten und gleichzeitig versuchen, Griechenland in den nächsten fünf Jahren zu helfen, das Vertrauen der Finanzmärkte durch geeignete wirtschaftliche Reformen wiederzuerlangen. Und dann kann man über einen Schuldenschnitt oder eine weitere Streckung der Rückzahlungen immer noch nachdenken.[75]

DAS PROBLEM DER REFORMAUFLAGEN
Damit sind wir direkt beim zweiten Problem angelangt. Wie könnten solche sinnvollen Reformauflagen für die weiteren finanziellen Hilfen zukünftig aussehen? Eines jedenfalls dürfte auch Griechenland klar sein: Neue Kredite wird es auch nach Ablauf der Verlängerung des zweiten Hilfsprogramms Ende Juni 2015 nicht ohne solche Auflagen bekommen. Und das ist auch richtig so: „The who pays the piper, calls the tune." Verfehlt waren bei der bisherigen Rettungspolitik auch nicht die Auflagen an sich, sondern deren konkrete Ausgestaltung, die bisher zu sozial völlig inakzeptablen Zuständen geführt hat, da sie insoweit schlicht unausgegoren waren. Damit ist zunächst

---

[75] Voraussichtlich wird man über eine bestimmte Form des Schuldenschnitts letztlich nicht herumkommen. Aber abschließend sollte man darüber erst entscheiden, wenn man der griechischen Regierung durch eine Neukonzeption der Rettungspakete eine Chance gegeben hat, wirtschaftlich wieder auf die Beine zu kommen.

klar, dass weitere Sparauflagen in dieser Form nicht mehr denkbar sind. Angesichts der tatsächlichen Opfer, die der Großteil der griechischen Bevölkerung bereits erbracht hat, dürften sie indes auch nicht mehr notwendig sein. Ziel muss es vielmehr sein, die sozialen Zustände im Land zu stabilisieren und dazu gehört es insofern auch, die schlimmsten Auswüchse der bisherigen Politik wieder rückgängig zu machen. Es ist schlicht nicht hinnehmbar, dass ganze Familien innerhalb eines Jahres mehr oder weniger unverschuldet in die finanzielle Hoffnungslosigkeit abgleiten. Die im Zusammenhang mit der Verlängerung beschlossenen Auflagen weisen hier durchaus in die richtige Richtung, wenn sie ausdrücklich auch die „humanitäre Krise" berücksichtigen.

Achtung, bevor Sie allzu sehr mit den Augen rollen und von einer Rolle Rückwärts sprechen – darum geht es nicht. Aber wenn man sich im Grundsatz darüber einig darüber ist, dass die erfolgten Sparmaßnahmen zu schnell und zu radikal durchgeführt wurden, dann bedeutet eine Rücknahme der in diesem Sinne „überschießenden" Maßnahmen keineswegs eine völlige Kehrtwende der bisherigen Politik. Es geht insofern also gerade nicht darum, sämtliche Reformen wieder aufzuheben oder umzukehren oder den Reformprozess als solchen vollständig zu stoppen, sondern darum, die schlimmsten Fehler zu beseitigen, um die neuen Reformauflagen anschließend angemessen und ausgewogen neu zu komponieren – auch die griechische Regierung ist ja mit rund 70 % der Vorgaben des im Januar zunächst abgebrochenen zweiten Hilfsprogramms prinzipiell einverstanden und führt auch gegenwärtig sinnvolle Sparmaßnahmen kontinuierlich durch. So hat etwa der neue Verwaltungsminister *Georgios Katrougalos* bereits angekündigt rund 70 % der Dienstwagen für seine Beamten abzuschaffen und die Zahl der Beraterposten zu halbieren.

Auch diese Regierung leugnet also keineswegs das Erfordernis, mit den griechischen Günstlingsverhältnissen aufzuräumen, Verwaltungsdefizite zu beseitigen und Modernisierungsmaßnahmen durchzuführen. Sie will lediglich sicherstellen, dass diese „Reformen" nicht immer nur die schwächsten treffen. Nicht unterschätzen sollte man insofern auch die Signalwirkung für die Bevölkerung, die von einer solchen Politik ausgeht, die erstmals auf die sozialen Auswirkungen konkret Rücksicht nimmt: Nämlich endlich Hoffnung auf Besserung der ganz individuellen Lebenssituation.

Insofern ist es durchaus nachvollziehbar und richtig, wenn *Alexis Tsipras* umgehend ankündigte, einzelne der vereinbarten Auflagen nicht mehr durchführen und besonders einschneidende wieder rückgängig machen zu wollen und verfehlt, wenn der deutsche Finanzminister sogleich formal auf die Einhaltung sämtlicher Vereinbarungen pochte. Der griechische Sozialstaat war und ist bereits über das erträgliche Maß geschrumpft worden und muss daher ausgeweitet werden, um wenigstens den Ärmsten wieder ein lebenswertes Umfeld zu ermöglichen.

Wenn etwa der Steuerfreibetrag bei der Einkommensteuer endlich wieder eingeführt werden sollte, so ist dies eine unmittelbar wirksame Maßnahme, die vornehmlich den ärmeren Bevölkerungsschichten hilft, die unter der bisherigen Politik zweifellos am stärksten gelitten haben (und zugleich die erforderliche Nachfrage stimulieren kann). Gleiches gilt etwa für die Wiedereinführung des Kindergeldes und bestimmter Krankenhausleistungen sowie die Bereitstellung kostenloser Lebensmittelhilfen.

Natürlich kann man über das Ausmaß solcher Sozialmaßnahmen im Einzelnen streiten und sollte das in den nächsten Monaten auch tun. Ob es etwa erforderlich ist, den Mindestlohn sogleich in dem Umfang zu erhöhen, wie es die griechische Regierung zunächst vorgeschlagen hat, ist alles andere als sicher und zwingend schon gar nicht. Zu einem Streit über die konkreten Einzelmaßnahmen kommt es aktuell allerdings schon deshalb nicht, weil die Europartner entsprechende Verhandlungen bereits im Grundsatz ablehnen („Verträge sind einzuhalten"), was sicherlich auch auf das zu laute Poltern der griechischen Regierung zurückzuführen sein dürfte. An dieser

Stelle müssen also beide Seiten endlich aufeinander zugehen und sich über die Neuausrichtung der bisherigen Politik einigen. Viel Zeit bleibt dazu nicht.

Solche finanziellen Entlastungen der Schwächsten kosten zwangsläufig Geld und das bringt uns direkt zum zweiten Teil der Neukomposition der bisherigen Auflagen. Einerseits gilt es Haushaltsbereiche zu finden, bei denen Kürzungen weiterhin möglich sind, ohne die soziale Misere zu verschärfen. Verrückterweise finden sich hier auch heute noch Sparpotentiale, die in den letzten Jahren nicht genutzt worden sind – allerdings auch von der Troika bzw. den Europartnern nicht nachdrücklich eingefordert worden sind. Einen besonders verstörenden Bereich in diesem Sinne bilden die griechischen Verteidigungsausgaben. Gemessen am Anteil des BIP lagen diese im Jahr 2013 bei rund 2,5% und damit über dem weltweiten Durchschnitt und mehr als 1 Prozentpunkt höher als in Deutschland. Sogar ein Land wie Japan wendet nur 1% seines BIP für das Militär auf. Einen Wert wie Island (0,1% des BIP) muss man sicherlich nicht gleich anstreben. Dennoch besteht hier noch erhebliches Kürzungspotential. Bei einer Halbierung dieser Ausgaben könnten dadurch rund 3 Milliarden eingespart werden – und zwar jährlich.

Hier gilt es dem Nato-Partner Griechenland deutlich zu machen, dass eine drastische Reduktion in diesem Bereich angesichts der prekären finanziellen Situation in Griechenland nicht nur akzeptiert würde, sondern auch nicht mit einer Einbuße an Sicherheit einhergehen wird. Zustände wie in der Ukraine wird es nicht geben. Griechenland befand sich nie in der russischen Einflusssphäre und wird auch ansonsten von keiner Seite ernsthaft bedroht. Alle griechischen Regierungen verweisen hier einerseits auf die türkische Gefahr, dem Erzfeind Griechenlands. Die Türkei ist allerdings Nato-Partner und eine militärische Invasion in Griechenland insofern mehr als unwahrscheinlich, zumal sie von den anderen Nato-Mitgliedern natürlich nicht geduldet werden würde – die Anschaffung sündhaft teurer U-Boote kann damit aber schwerlich gerechtfertigt werden (auch wenn sie aus Deutschland kommen). Andererseits fürchten die Griechen einen möglichen militärischen Konflikt mit Mazedonien, was gelinde gesagt eher zum Schmunzeln anregt und von den Europartnern auch endlich entsprechend behandelt werden sollte. Mazedonien bemüht sich langfristig um eine Aufnahme in die EU, wovon es nicht nur wirtschaftlich aktuell noch sehr weit entfernt ist und angesichts der Vorbehalte in Griechenland wahrscheinlich ohnehin nur schwer erreichen wird. Die Annahme aber, dass es in seinem aktuellen Zustand auf die Idee kommen könnte, Griechenland tatsächlich militärisch anzugreifen, ist schlicht absurd und wenn es doch so weit kommen sollte, steht die Nato bereit und würde dem Spuk außerordentlich schnell ein Ende bereiten.

Der vor allem politisch ausgetragene Disput zwischen den beiden Nationen ist historisch tief verwurzelt – es geht nicht zuletzt um das Erbe Alexanders des Großen, weshalb Griechenland schon den Namen Mazedonien nicht anerkennt – und die Reaktionen auf beiden Seiten sind für einen Außenstehenden zum Teil beim besten Willen nicht nachvollziehbar. Als ich das letzte und bisher einzige Mal nach Mazedonien zu einer Hochzeit gereist bin, gestaltete sich die Anreise nicht zuletzt aus diesem Grund sehr viel schwerer als gedacht. Ich war in Thessaloniki, also in Griechenland, gelandet und wollte dann mit einem Mietwagen nach Mazedonien fahren. Aber: Leider nicht möglich. Denn Mazedonien ist als einziges Reiseziel dieser Erde in den Mietbedingungen untersagt. Ich hätte also auf dem Landwege nach Nordkorea fahren können – aber nicht nach Mazedonien. Kaum zu glauben? Es wird noch schlimmer. Ich wollte mich dann abholen lassen – der Brautvater hatte sich dazu bereit erklärt, die mehrstündige Fahrt auf sich zu nehmen. Nur leider: Er wurde trotz mehrfachen Bittens an der Grenze nicht ins Land gelassen. Keine Chance. Ich stand also weiter in Thessaloniki, er an der Grenze zu Griechenland und erst sehr viel später musste dann der Bräutigam selbst mich abholen. Das war kein Problem, er war deutscher und hatte vor allem ein deutsches Auto.

Griechenland und Mazedonien sollen diesen Blödsinn, der immer groteskere Züge annimmt – größere Wellen schlug nicht zuletzt die provokative Benennung eines Flughafens in Mazedonien, die umgehend die Umbenennung des griechischen nach sich zog – gern weiterführen. Sie sind souverän und wenn sie meinen, damit ihre Zeit verschwenden zu müssen, bitte. Aber: Wenn das zu unnötigen Milliardenausgaben führt, die für eine angemessene und effektive Sparpolitik dann nicht mehr zur Verfügung stehen, können die Europartner das nicht dulden. Hier muss also auch der griechischen Bevölkerung deutlich gemacht werden, dass das so nicht weitergehen kann.

Andererseits gilt es endlich die zweite Möglichkeit zu nutzen, um an Geld zu kommen: Steuern – beziehungsweise Steuererhöhungen. Der moderne Staat hat zur Finanzierung seiner Aufgaben grundsätzlich nur zwei Möglichkeiten: Entweder die Erhebung von Steuern oder die Aufnahme von Schulden.[76] Die Schuldenaufnahme fällt bei Griechenland aktuell ja weitgehend aus. Anstatt dementsprechend auf Steuererhöhungen zu setzen, sahen die Auflagen jedoch noch einen dritten Weg vor: Die drastische Reduzierung der bestehenden staatlichen Aufgaben. Und ohne Zweifel: Das Staatswesen in Griechenland war zum Zeitpunkt 2010 bei weitem zu aufgebläht und musste geschrumpft werden. Viele der vorgesehenen Maßnahmen waren daher sicher richtig. Dennoch ist es auffällig, dass Steuererhöhungen so eine geringe Rolle bei der Zusammenstellung der Auflagen spielten. Und der Grund ist uns aus dem vorletzten Kapitel auch bekannt. Steuererhöhungen galten nach den Theoretikern der Austerität ausdrücklich als schädlich. Insofern ist es auch nicht ganz redlich, wenn man jetzt auf Griechenland zeigt und sich darüber beschwert, dass die Reichen dort weiterhin nicht ausreichend besteuert werden. Der Troika war das nämlich gar nicht so unrecht. Immerhin: Einige Steuern wurden erhöht. Mit der Abschaffung des Steuerfreibetrags und der

---

[76] Privatisierungen bleiben als einmalige Maßnahmen im Folgenden unberücksichtigt.

Erhöhung der Mehrwertsteuer waren davon aber erneut vornehmlich die Schwächsten betroffen.

Erforderlich und sinnvoll wären hingegen Steuererhöhungen bei denen, die es sich leisten können: Denn solche würden nicht nur zu deutlichen Mehreinnahmen des Staates führen, die dieser für sinnvolle Investitionen und auch zur Finanzierung des Sozialsystems nutzen könnte. Indem dadurch die Sparmaßnahmen weniger drastisch ausfallen müssen, kommt es darüber hinaus nicht zu den erheblichen Nachfrageausfällen. Genau solche Nachfrageausfälle hat es nicht nur in Griechenland, sondern in praktisch allen Krisenstaaten gegeben – anders als von den Austeritätstheoretikern vorhergesagt, haben die Betroffenen also keineswegs sogleich damit begonnen, ihr erwartetes Zukunftseinkommen schon heute zu konsumieren. Wer hätte das gedacht? Vor allem aber und losgelöst von der Frage, wie viele zusätzliche Einnahmen sich durch eine solche, die Vermögenden treffende, Steuererhöhung tatsächlich generieren ließen: Sie hätte auch eine nicht zu unterschätzende symbolische Wirkung. Sie würde zumindest das Gefühl vermitteln, dass nun wirklich alle gemeinsam am Wiederaufbau Griechenlands beteiligt werden und könnte auf diesem Weg die soziale Akzeptanz der vielen noch kommenden Entbehrungen signifikant erhöhen.[77] Eine solche Wirkung sollte angesichts der bestehenden Situation in Griechenland nicht unterschätzt werden.

Dennoch: Hatten nicht die Austeritätsanhänger kontraktive Wirkungen einer solchen Steuerpolitik in der Rezession vorhergesagt? Das ist durchaus richtig, aber auch hier dürften ihre Ideen – abgesehen davon, dass sie den symbolischen Wert verkennen – erneut falsch liegen. Denn zum einen hat nicht zuletzt Deutschland im Zusammenhang mit der Wiedervereinigung durchaus gute Erfahrungen mit Steuererhöhungen gemacht. Der Spitzensteuersatz unter *Helmut Kohl* lag damals bei satten 56% – heute kaum noch vorstellbar. Viel wichtiger aber: Ein

---

[77] Vgl. erneut P. *Bofinger*, Zurück zur D-Mark?, S. 99.

neuere Studie aus dem Jahre 2012 – und damit bereits auf Erfahrungen mit der Eurokrise aufbauend – hat festgestellt, dass es tatsächlich sehr viel besser ist, in einer Rezession nicht allein zu sparen, sondern eben auch in einem beträchtlichen Umfang auf Steuererhöhungen zu setzen.[78] Erneut: Es kommt also vor allem auf die richtige Mischung an, Steuererhöhungen schließen sinnvolle Spar- und Modernisierungsmaßnahmen ja nicht aus. Und genau das wird aktuell nicht beachtet: Als Cocktail wäre die bisherige Auflagenkomposition viel zu bitter, weil es schlicht an Zucker fehlt. Wohlgemerkt: Es handelt sich dabei nicht um irgendeine Studie, sondern um eine, die in den Working Papers des Internationalen Währungsfonds erschienen ist, mithin einem Mitglied der „negativ behafteten" Troika. Dass diese Studie in der Ausgestaltung der Politik gleichwohl weder damals noch heute von den politischen Entscheidungsträgern hinreichend zur Kenntnis genommen wird, zeigt jedenfalls, dass *Paul Krugman* mit seiner oben erwähnten „politischen Ignoranzthese" nicht ganz falsch zu liegen scheint.

Richtigerweise sollte in Griechenland also einerseits die progressive Einkommensteuer für höhere Einkommensstufen erheblich erhöht, gleichzeitig aber vor allem eine einmalige Vermögensteuer eingeführt werden, so dass endlich auch die wohlhabenderen Gesellschaftsschichten an der Rettung Griechenlands beteiligt werden. Über die Höhe und die Ausgestaltung im Einzelnen müsste sich zwangsläufig noch geeinigt werden. Klar ist aber: Bei einem gegenwärtigen Spitzensteuersatz von 42% besteht in Griechenland im Vergleich zum „Wendedeutschland" mit 56% noch ausreichend Luft nach oben. Bis 60% kann man da durchaus gehen. Und Vermögen, welches besteuert werden könnte, ist auch ausreichend vorhanden – allein zwischen 2013 und 2014 (und damit mitten in der Krise!) ist das Vermögen der 500 reichsten Griechen von 60 auf rund 70 Milliarden Euro gestiegen. Bei solchen Zahlen kann man den Frust

---

[78] *N. Batini/G. Callegari/G. Melina*, Successful Austerity in the United States, Europe and Japan, IMF Working Paper 12/190 (2012), S. 32.

so manches Geringverdieners in Griechenland über die bisherige Rettungspolitik ohne Weiteres nachvollziehen. Mit zum Teil abstrusen verfassungsrechtlichen Besteuerungsprivilegien der Reeder, die bis heute praktisch von allen Steuerzahlungen befreit sind, und anderer Oligarchen muss dann natürlich endgültig Schluss sein.

Und genau hier bietet sich mit der neuen griechischen Regierung erstmals eine realistische Chance, entsprechende Reformen auch auf den Weg zu bringen. Denn diese ist nicht in einer der beiden Familienclans verwurzelt, die Griechenland in den letzten Jahrzehnten beherrscht und in vielerlei Hinsicht für ihren eigenen Vorteil ausgepresst haben. Anders als bisher will *Alexis Tsipras* daher nun auch gegen die Vertreter dieser Vetternwirtschaft vorgehen und sie endlich zur Kasse bitten. Listen mit Namen etlicher Steuersünder existieren bereits seit einigen Jahren, wurden von der jeweiligen Regierung allerdings – übrigens mit Billigung der Troika – unter Verschluss gehalten oder sogar manipuliert. Damit also dürfte jetzt endlich Schluss sein. Die Einführung eines umfassenden Vermögensregisters hat die griechische Regierung bereits im Zusammenhang mit der Verlängerung des zweiten Hilfsprogramms im Februar 2015 zugesagt.

Die europäischen Partner tun dabei gut daran, Griechenland bei der Durchführung dieser Maßnahmen so gut es geht zu unterstützen. Denn allein, soviel steht fest, wird es Griechenland kaum gelingen, solche Steuererhöhungen effektiv umzusetzen. Denn zum einen dürfte es schon sehr schwer sein, das Vermögen der Superreichen ohne fremde Hilfe zu ermitteln. Vermögen lässt sich sehr leicht verschieben und ohne ein ausreichendes, die gesamte EU umfassendes automatisches Finanzdatenabgleichsystem, kann es dem Sichtfeld der zuständigen Finanzbehörden vergleichsweise problemlos entzogen werden. Die griechische Regierung behilft sich hier bereits mit dem Vergleich der tatsächlichen und den im Steuerverfahren angegebenen Vermögensverhältnissen, um auf diesem Weg mögliche

Verdachtsfälle zu ermitteln. Mit anderen Worten: Die Steuerbeamten gehen raus und gucken sich die Häuser und Autos an, schätzen danach das Vermögen und Einkommen und vergleichen das mit den Angaben in den Unterlagen. Aber ein solcher Vergleich ist naturgemäß außergewöhnlich zeitintensiv und aufwendig und wird auch nur in seltenen Fällen zum Erfolg führen können. Durch die Einführung eines rechtlichen Rahmens, der solches Verhalten zumindest innerhalb des europäischen Binnenmarkts unmöglich macht, könnte die EU Griechenland also aktiv unter die Arme greifen und zugleich zum Ausdruck bringen, dass entsprechendes Verhalten innerhalb der Währungsunion als inakzeptabel angesehen wird. Ein entsprechendes OECD-Abkommen mit weltweit mehr als fünfzig Unterzeichnerstaaten – einschließlich aller EU-Staaten – ist zwar bereits Mitte 2014 in Berlin unterzeichnet worden. Es wird aber erst 2017 in Kraft treten und dieser Termin ist auch in den EU-Regelungen vorgesehen, die dieses Abkommen umsetzen.[79] In der EU sollte man zumindest versuchen, einen früheren Termin zu ermöglichen, um Griechenland bei seinen Bemühungen noch besser zu unterstützen. Im Übrigen sind weder die Schweiz noch die USA an diesem Abkommen beteiligt – hier besteht also noch Handlungsbedarf, der freilich nicht von heute auf morgen zu realisieren sein dürfte.

Sehr viel schneller könnte Griechenland indes beim Aufbau einer effektiven Verwaltung, insbesondere Steuerverwaltung geholfen werden. Viele der bereits vorgesehenen Steuern werden nämlich aufgrund einer ineffektiven Verwaltung, zum Teil aber auch, weil bisherige Regierungen keinen besonderen Wert drauf gelegt hatten, schlicht nicht oder nicht vollständig erhoben. Auch wenn die neue Regierung angekündigt hat, das ändern zu wollen, ist die bestehende – zum Teil im Zusammenhang mit den Sparauflagen massiv verkleinerte – Steuerverwaltung mit dieser Aufgabe schlicht überfordert. Und die Idee, Touristen in die Steuerkontrolle einzubeziehen – als verdeckte

---

[79] Ausnahme ist Österreich, wo der Datenaustausch sogar erst 2018 beginnen wird.

Kontrolleure – ist wohl weniger ein wirklicher Vorschlag als der verzweifelte Hinweis darauf, wie prekär die Situation tatsächlich ist: Einige Steuerabteilungen kosten aktuell mehr, als sie durch die Erhebung von Steuern an Einnahmen generieren. Fiskalisch wäre es für den Staat also besser, auf diese Abteilungen – und damit auch auf deren Steuereinnahmen – gänzlich zu verzichten. Offenkundig kein haltbarer Zustand. Auf diesen Bereich sollten sich die Kreditauflagen daher in besonderer Weise konzentrieren und hier die notwendigen Veränderungen verlangen. Diese sollten dabei allerdings nicht einfach nur verlangt werden. Das Verwaltungsknowhow – in diesem Fall sicherlich vornehmlich aus Deutschland – sollte hier genutzt werden – in den aktuellen Reformauflagen findet sich zu solchen gemeinsamen Anstrengungen indes erstaunlich wenig. Hier muss insofern nachgebessert werden.

Auf entsprechende Kooperationen wird sich Griechenland aber sicherlich nur einlassen, wenn diese nicht hierarchisch, sondern tatsächlich kooperativ ausgestaltet sind. Es kann mithin nicht darum gehen, den Griechen ein bestimmtes Verwaltungsmodell bedingungslos aufzuzwingen. Vielmehr bedarf es daher auch von Seiten der „Wissensüberbringer" des nötigen Fingerspitzengefühls im Umgang mit ihren griechischen Partnern. Es muss deutlich werden, dass wirklich alle Seiten an einem gemeinsamen Strang ziehen und das es um effektive Hilfe zur Selbsthilfe geht. Die neue griechische Regierung – nicht zuletzt der neue griechische Finanzminister – werden sich entsprechenden Initiativen sicher nicht verweigern. Die defizitäre Steuerverwaltung ist ihnen mehr als bewusst – der Ton dürfte hier (wie so oft) die Musik machen.

Das betrifft abschließend auch den Bereich der Korruptionsbekämpfung. Auch hier ist die neue griechische Regierung offen für Ideen, die nicht zuletzt von der OECD auch bereits vorgeschlagen worden sind. Aber es darf eben auch nicht vergessen werden, dass sich die Korruption in Griechenland über Jahrzehnte mit Billigung der jeweiligen Regierung entwickelt und gefestigt hat. Der notwendige Sinneswandel in der Bevölkerung hat vielerorts bereits begonnen und wird durch die neue griechische Regierung zweifellos aufrechterhalten bleiben. Auch hier sollte aber beachtet werden, dass ein wirklicher Wandel kaum in wenigen Monaten oder Jahren zu erzielen sein wird.

Zusammengefasst: Es geht es bei der Neugestaltung der Reformauflagen vornehmlich um den richtigen „Mix" zwischen Sparen und Besteuern. Überzogene Sparanforderungen müssen fallengelassen oder rückgängig gemacht werden, andere Sparpotentiale müssen ausgeschöpft werden (Militär!), während im Bereich der Besteuerung die erforderlichen Maßnahmen endlich und mit effektiver und kooperativer Unterstützung der Europartner angegangen werden müssen. Keineswegs sollte also der Reformprozess gänzlich gestoppt oder radikal umgekehrt werden. Aufzugeben ist allein die schon beinahe wahnhafte Vorstellung, dass Sparen allein zur Glückseligkeit führen wird. Diesen Irrglauben müssen also auch die Europartner möglichst schnell in das Reich der Märchen verbannen – mit Blick auf die „Übergangsreformauflagen" besteht hier durchaus Hoffnung, dass diese Erkenntnis angekommen ist.

Damit ist aber auch klar: Konditionen werden bleiben und die Einhaltung und Umsetzung derselben muss selbstverständlich auch von Seiten der Kreditgeber überwacht werden können. Alles andere – und das sieht auch die griechische Regierung nicht anders – wäre letztlich unvorstellbar angesichts der Summen, um die es hier geht. Diese Kontrolle muss aber keineswegs durch die bisherige Troika erfolgen. Die negative Symbolik im Hinblick auf dieses Gremium sollte insoweit auf Seiten der Europartner nicht unterschätzt werden. Und das wurde auch vergleichsweise schnell akzeptiert, indem die Troika seit dem 13.2.2015 zumindest offiziell umbenannt wurde.[80] Aber

---

[80] Seitdem wird dieses Gremium offiziell als „die Institutionen" bezeichnet. Sicherlich kein Beispiel einer sonderlich innovativen Namensgebung.

auch ganz andere Gremien sind denkbar, nicht zuletzt die OECD böte sich hier an. Wahrscheinlich wäre Griechenland aber auch damit einverstanden, wenn hier zukünftig die Kommission allein als Kontrollorgan fungieren sollte. Viel entscheidender als die Institution selbst dürfte ohnehin etwas anderes sein: Nämlich die Art der Kontrolle, wie also mit den demokratisch legitimierten griechischen Organen, nicht zuletzt der Regierung in diesem Zusammenhang umgegangen wird. Dieser Umgang wurde von der griechischen Bevölkerung bisher als geradezu demütigend empfunden und sonderlich überraschend konnte das eigentlich nicht gewesen sein. Es braucht hier also eine neue Form der Überwachungskultur, die von Kooperation, Partnerschaft, Augenhöhe, Respekt und nicht mehr von einer Hierarchie geprägt ist, die die griechische Regierung und das griechische Parlament zu bloßen Befehlsempfängern von Aktenkofferträgern degradiert. Das setzt auf beiden Seiten natürlich auch das nötige Vertrauen voraus, dass in den letzten Jahren zweifellos erheblich beschädigt worden ist. Dennoch: Die mit der Wahl bewirkte Zäsur sollte hier erneut als Chance für einen Neuanfang gesehen werden. Der Verlauf der bisherigen Verhandlungen stimmt insoweit allerdings nicht allzu hoffnungsfroh.

INVESTITIONEN IN DIE ZUKUNFT

Im Zusammenhang mit der Finanzkrise erlebte die keynes'sche Nachfragepolitik eine ebenso heftige wie kurze aber vor allem überaus erfolgreiche Renaissance.[81] Staaten wie die USA, Großbritannien aber auch Frankreich und Deutschland griffen nach der Lehman-Pleite im Jahr 2008 nicht nur ihren angeschlagenen Banken und Versicherungen unter die Arme – allein der weltweit größte Versicherer AIG erhielt finanzielle Hilfen von der amerikanischen Regierung in Höhe von mehr 100 Milliarden Dollar. Zusätzlich wurden vielmehr auch eifrig Konjunkturpakete zur Wiederbelebung der eigenen Wirtschaft

---

[81] Siehe auch *M. Blyth*, Austerity. The History of a Dangerous Idea, S. 54 ff.

geschnürt. In Deutschland führte das nicht zuletzt zur bereits oben erwähnten Abwrack-Prämie. Bemerkenswert waren aber vor allem die Hilfsmaßnahmen der USA, die ihre Wirtschaft mir rund 700 Milliarden Dollar geradezu fluteten. Das alles geschah dabei unter dem Präsidenten einer Partei, die heute die Wiederkehr des Sozialismus ausruft, weil *Barack Obama* Ansätze einer allgemeinen Krankenversicherung eingeführt hat. Staatliche Eingriffe sind dieser Partei zumindest formal geradezu verhasst – und trotzdem ein solches Mammutprogramm. Dass diese Politik von einem demokratischen Präsidenten weitergeführt wurde, ist sicherlich weitaus weniger überraschend. 2000 Milliarden Dollar wurden auf diese Weise weltweit in die Volkswirtschaften gepumpt. Eine wahrlich riesige Summe, die sich aber gelohnt haben dürfte: Jedenfalls den USA und Deutschland geht es heute wieder außerordentlich gut und das dürfte vornehmlich auf diese beherzte Reaktion der Politik zurückzuführen sein.

Es gehört für mich zu den großen Mysterien der letzten Jahre, dass diese Erfolgsgeschichte bei der Bekämpfung der Griechenland- und Eurokrise so schnell in Vergessenheit geraten konnte. Ich habe bereits oben geschildert, auf welch seltsame Weise der Austeritätsgedanke zur Leitidee der politischen Entscheidungsträger avancieren konnte und das wird noch sehr viel seltsamer, wenn man berücksichtigt, wie anders sich die nunmehr Austerität verlangenden Staaten noch wenige Monate zuvor verhalten hatten. Aber damals, so könnte man etwas gehässig sagen, lag ja ihre eigene Wirtschaft am Boden. Natürlich war die Lage in Griechenland eine andere. Der ökonomische und finanzielle Absturz war hier größtenteils selbstverschuldet. Die Finanzkrise hatte hier allenfalls beschleunigend gewirkt, war aber nicht der eigentliche Auslöser gewesen. Und natürlich konnte die Lösung daher auch nicht – anders als in Deutschland – einfach in der Einführung einer griechischen Abwrackprämie liegen. Die strukturellen Defizite in der staatlichen aber auch in der ökonomischen Organisation waren und sind erheblich und mussten beseitigt werden. Große Teile der Griechenland gemachten Auflagen waren und sind daher auch richtig.

Dennoch: Dass der Erfolg der eigenen Konjunkturpakete in diesem Zusammenhang völlig außer Acht gelassen wurde, bleibt bemerkenswert. Wenn Staaten wie Deutschland und die USA trotz im Grundsatz intakter Strukturen solche immensen Konjunkturpakete brauchten, warum sollte ein Land, in dem noch nicht einmal diese Strukturen vorhanden waren, gänzlich ohne entsprechende Maßnahmen auskommen können? Der Aufbau der Strukturen allein konnte ja kaum ausreichen, da die USA und auch Deutschland dann allein auf diese hätten bauen können.

Praktisch weltweit, vor allem aber in Europa, wandte sich die Politik innerhalb kürzester Zeit wieder gegen Keynes. Konjunkturpakete galten plötzlich als Teufelszeug, erst recht wenn sie durch Staatsverschuldung finanziert werden sollten. Haushaltskonsolidierung war das sakrale Gebot der Stunde und avancierte zur Leitidee in der Europäischen Union. Prinzipiell ist gegen eine solide Haushaltsführung sicherlich auch nichts einzuwenden. Warum auch? Sie hat aber ihren Preis und zwar erst recht dann, wenn plötzlich alle Staaten gleichzeitig meinen, diesen Weg gehen zu müssen, wird es gefährlich. Es bedarf hier mithin eines sehr behutsamen und nicht allzu ruckartigen Vorgehens, wenn man einen massiven Wirtschaftseinbruch vermeiden will. Genau das aber wurde im Falle Griechenlands nicht beachtet, als dieses allein zum Sparen aufgefordert wurde, ohne zugleich sinnvolle Investitionen in die Wirtschaft zu sichern. Natürlich kosten solche Investitionen Geld und müssen möglicherweise auch durch eine weitere Verschuldung gegenfinanziert werden. Aber ohne solche Investitionen kann und wird die Genesung einer am Boden liegenden Wirtschaft eben nicht gelingen. Ganz einfach. Die Schuldfrage zu stellen ist in einer solchen Situation insoweit schlicht müßig beziehungsweise deplatziert: Wenn man das Ziel verfolgt der griechischen Wirtschaft für die Zukunft zu helfen – und das dürfte auf Seiten der Europartner durchaus konsensfähig sein – muss auch der Blick in die Zukunft und nicht in die Vergangenheit gerichtet werden. Nur dann wird man die richtigen Schritte einleiten können. Und Investitionen gehören dann eben dazu.

Die Neugestaltung der Reformauflagen im obigen Sinne allein, wird insofern nicht ausreichen, wenngleich der stärkere Fokus auf Steuererhöhungen bei den Wohlhabenden zumindest weitere Nachfragerückgänge zumindest partiell verhindern kann. In Griechenland muss es vielmehr endlich auch zu Investitionen in die Zukunft kommen und zwar nicht in die Zukunft der europäischen Banken, sondern der griechischen Bevölkerung. Von den bisherigen Hilfsmilliarden hat diese ja bisher so gut wie nichts gesehen. Es braucht gewissermaßen einen „griechischen Marschall-Plan" (Finanzminister *Yanis Varoufakis* spricht vom „Merkel-Plan").

Wirtschaftsbereiche, in die sich entsprechende Investitionen lohnen würden, gibt es durchaus, auch wenn Griechenland weiterhin keine wirkliche industrielle Basis aufweist. An erster Stelle steht hier sicherlich der Tourismus, aber auch die Schifffahrt und Reederei bieten Ansatzmöglichkeiten. Zu denken wäre auch an den Wiederaufbau der griechischen Textilwirtschaft. Daneben bietet sich Griechenland als eines der sonnigsten Gebiete Europas geradezu an als Standort für Forschung und Entwicklung im Bereich der Solarenergie. Ein anderes Feld bildet der IT-Bereich, dessen Stärkung die Attraktivität Griechenlands gerade für die jüngere Generation erhöhen könnte. Warum kein griechisches Silicon-Valley? Und apropos jüngere Generation: Investitionen im Bereich Bildung sind immer Investitionen in die Zukunft – eine Tatsache, die im Übrigen auch der deutschen Politik wieder in Erinnerung gerufen werden sollte.

In all diesen Bereichen gilt es also zukünftig die richtigen Akzente zu setzen, um Griechenland in den nächsten Jahren wieder als attraktiven und vertrauenswürdigen Wirtschaftsstandort zu etablieren. Dabei können auch die europäischen Partner die richtigen Signale setzen. Warum also z.B. nicht die Errichtung einer gemeinsam finanzierten Universität mitten in Athen in Erinnerung an Platons Akademie? Und auch der Europäische Rat könnte seine nächste Tagung doch einfach nicht in Brüssel, sondern in Athen oder Thessaloniki abhalten. Oder noch besser: Der Rat der Wirtschafts- und Finanzminister einschließlich einiger Wirtschaftsvertreter aus allen Mitgliedstaaten. Und auch Sie können tatsächlich etwas tun: Wie wäre es denn zum Beispiel, wenn Sie den nächsten Sommerurlaub nicht auf Sylt, sondern auf Nisyros[82] oder Kos verbringen? Natürlich können solche eher symbolischen Maßnahmen handfeste und umfangreiche Investitionen nicht ersetzen. Aber sie sind durchaus geeignet, einen kleinen Beitrag zu leisten, mit dem sich Vertrauen gewinnen lässt. Vertrauen ohne das der Wiederaufbau kaum gelingen kann.

Darüber hinaus aber ist klar: Die entscheidenden Investitionen kosten Geld. Woher aber soll dieses Geld kommen? Eine zweifellos berechtigte Frage. Schauen wir uns insoweit vielleicht zunächst die griechischen Möglichkeiten an. Hier wird es ja aufgrund der Neukonzeption der Reformauflagen zunächst zu erhöhten Staatsausgaben kommen. Insofern dürfte sich auch der aktuelle griechische Primärüberschuss zunächst einmal ein wenig verringern. Dennoch: Ein gewisser Überschuss dürfte hier bleiben, der allerdings durch die weiterhin notwendigen Zinszahlungen in Höhe von rund 2% des BIP mehr oder weniger gänzlich aufgezehrt werden dürfte. Luft für eigenständige Investitionen bliebe damit also nicht oder allenfalls kaum. Indes: Nicht mitgerechnet sind hier einerseits die geplanten Steuererhöhungen und Verbesserungen bei der Steuereintreibung sowie die Einsparungen im Bereich des Militärs. Hier könnten sich durchaus zusätzliche Einnahmen in Höhe von 2-3% des BIP erzielen lassen (also 5-7 Milliarden Euro) – allerdings kaum von heute auf morgen. Die ersten Erfolge in dieser Hinsicht dürften mindestens einige Monate, eher etwas länger auf sich warten lassen. So lange sollte freilich nicht gewartet werden.

---

[82] Das lohnt sich auch kulturell: Auf Nisyros etwa wurde der James Bond Klassiker „Man lebt nur zweimal" mit *Sean Connery* gedreht.

Wie aber sollen sinnvolle Investitionen in diesem Zeitraum dann finanziert werden?

Der griechische Finanzminister *Yanis Varoufakis* hat dazu unlängst in einem gemeinsam mit zwei weiteren Ökonomen verfassten Büchlein konkrete Vorschläge gemacht.[83] Im Zentrum dieser Überlegungen steht dabei die EZB. Diese solle einerseits Anleihen ausgeben, um die Europäische Investitionsbank und den Europäischen Investitionsfonds mit Finanzmitteln zu versorgen, die sodann vornehmlich in Infrastrukturprojekte – allerdings in allen Krisenstaaten – investiert werden könnten. Umfang eines solchen Programms: Bis zu 8% der Wirtschaftsleistung der gesamten Eurozone. Darüber hinaus könnten sich notwendige Sozialprogramme in den Krisenstaaten dadurch finanzieren lassen, dass die nationalen Notenbanken ihre Zinsgewinne direkt – und damit an den nationalen Haushalten vorbei – für entsprechende Zwecke ausschütten. Insgesamt läuft diese Lösung damit auf eine Instrumentalisierung der EZB hinaus: Krisenlösung durch Gelddrucken.

Dieser Weg erweist sich indes als verfehlt. Zunächst vielleicht zu dem aus meiner Perspektive wichtigsten Argument: Beide Vorschläge sind mit dem bestehenden rechtlichen Rahmen für die EZB schlicht nicht vereinbar – auch wenn *Varoufakis* ausdrücklich anderes behauptet. Die Ausgabe von Anleihen durch die EZB ist weder in den Unionsverträgen noch in der Satzung der EZB als erlaubtes Instrument vorgesehen. Aus geldpolitischer Sicht wäre es auch schlicht unnötig, denn zur Steuerung der Geldmenge reichen die flexiblen Offenmarktgeschäfte vollständig aus. Anders als „normale Banken", benötigt eine Zentralbank ein solches Instrument aber auch nicht, um an die erforderlichen Geldmittel zu kommen – diese kann sie als Zentralbank ja gerade ohne jede Sicherheit einfach drucken. Es ist daher auch nicht überraschend, dass die EZB-Satzung entsprechende Möglichkeiten nicht vorsieht. Nach Art. 20 Abs. 1 ihrer

---

[83] *Y. Varoufakis/J. Galbraith/S. Holland*, Bescheidener Vorschlag zur Lösung der Eurokrise, 2015.

Satzung kann die EZB zwar in begrenztem Umfang auch neue Instrumente einführen.[84] Dieses „Instrumentenerfindungsrecht" ist aber ausdrücklich auf geldpolitische Instrumente begrenzt. Und ein solches geldpolitisches Instrument wäre die Ausgabe von Anleihen und die anschließende Weitergabe der Geldmittel an andere Institutionen zur Finanzierung von Investitionen ganz sicher nicht. Bei den Zinsgewinnen der nationalen Zentralbanken sieht es rechtlich letztlich kaum anders aus. Denn mit diesen Zinsgewinnen kann z.B. die Bundesbank nicht einfach machen, was sie will. Nach § 27 des Bundesbankgesetzes muss sie diese vielmehr zu einem bestimmten Prozentsatz einer Rücklage und im Übrigen dem Bund – also zunächst einmal dem Bundesfinanzministerium überweisen. Wenn *Varoufakis* auf diese Zinsgewinne zugreifen will, fordert er also im Ergebnis nichts anderes, als einen Verzicht des Bundes auf diesen Betrag. Anders gewendet: Er möchte diesen Betrag geschenkt haben. Denn von einer Rückzahlung ist an keiner Stelle die Rede. Dazu müsste dann aber das Bundesbankgesetz entsprechend geändert werden. Bis dahin: Rechtlich unmöglich.

Abgesehen von diesen rechtlichen Hürden, erscheint es auch mehr als abwegig, dass sich die anderen Europartnern und die unabhängige EZB auf diese Vorschläge einlassen würden. Und das erscheint auch richtig. Denn die von *Varoufakis* und seinen Kollegen vorgeschlagenen „bescheidenen" Vorschläge laufen allesamt darauf hinaus, die Zentralbank für die Lösung wirtschafts- und fiskalpolitischer Probleme zu missbrauchen. Dadurch wird die EZB in massiver Weise in hochpolitische Fragen verwickelt, ohne dass sie dafür jedoch ausreichend demokratisch legitimiert wäre. Ihre unabhängige Stellung und damit die Durchbrechung der Rückbindung an das Volk, lässt sich aber nur rechtfertigen, weil sie mit einer eng begrenzten Aufgabe – nämlich der Wahrung der Preisstabilität – beauftragt ist,

---

[84] Diese Norm lautet: „Der EZB-Rat kann mit der Mehrheit von zwei Dritteln der abgegebenen Stimmen über die Anwendung anderer Instrumente der Geldpolitik entscheiden, die er bei Beachtung des Artikels 2 für zweckmäßig hält."

mit deren Wahrnehmung die Politik aufgrund zahlreicher Interessenkonflikte überfordert wäre.[85] Die Übernahme entsprechender wirtschaftspolitischer Aufgaben wäre damit nichts weniger als eine völlige Neuausrichtung des gesamten Währungssystems und darüber hinaus außerordentlich riskant – die Trennung der Bereiche Geldpolitik und Wirtschaftspolitik hat sich seit den neunziger Jahren des letzten Jahrhunderts nicht ohne Grund durchgesetzt.

Dennoch weisen die Vorschläge des griechischen Finanzministers in zumindest einem Punkt in die richtige Richtung: Es handelt sich bei der Frage der Investitionsfinanzierung um ein gesamteuropäisches und nicht allein um ein griechisches Problem. Es bedarf also einer gemeinsamen Lösung. Da Griechenland noch im nächsten Jahr keine entsprechenden Mittel für sinnvolle und nachhaltige Konjunkturprogramme wird aufbringen können, bedarf es hier insofern sozusagen der „Anschubfinanzierung" durch die anderen Mitgliedstaaten. Das nächste Hilfspaket sollte vornehmlich dazu genutzt werden, entsprechende Investitionsprojekte zu finanzieren. Welche das sinnvollerweise sein sollten, wäre gemeinsam – also kooperativ – mit der griechischen Regierung zu klären. Die Finanzmittel würden auf diesem Wege direkt der griechischen Wirtschaft und damit der griechischen Bevölkerung zugeführt. Größenmäßig geht es hier um Beträge von vielleicht 10 Milliarden Euro für das nächste Jahr. Sicherlich kein Pappenstiel, aber verglichen mit den bisherigen Hilfsprogrammen auch keine unerreichbare Größe.

Darüber hinaus muss es darum gehen, auch private Investitionen in die griechische Wirtschaft wieder anzukurbeln. Der Investitionsstandort Griechenland muss schnell wieder an Attraktivität gewinnen. Möglich ist das vor allem indem die Risiken privater Investitionsentscheidungen zumindest partiell von der EU bzw. den einzelnen Mitgliedstaaten übernommen

---

[85] Siehe dazu ausführlich *A. Thiele*, Die Unabhängigkeit der EZB – Gründe, Grenzen und Gefährdungen, Berliner Online Beiträge zum Europarecht, Nr. 98.

werden (etwa durch Bürgschaften). Wenn man hier die richtigen privaten Investitionen unterstützt, sind die Risiken für den berüchtigten Steuerzahler dabei überschaubar. Mittlerweile hat zumindest die EU – in Gestalt des neuen Kommissionspräsidenten *Jean-Claude Juncker* – den erheblichen Investitionsbedarf innerhalb der Eurozone aber auch darüber hinaus erkannt. Das unmittelbar nach Amtsantritt angekündigte Investitionsprogramm soll privates Kapital in Höhe von bis zu 315 Milliarden Euro anlocken und vornehmlich Projekte in den Bereichen Infrastruktur, Forschung und Entwicklung fördern. Zweifellos ein ambitioniertes Ziel, aber im Grundsatz gleichwohl richtig. Die Mitgliedstaaten könnten dieses Vorhaben darüber hinaus mit eigenen Initiativen unterstützen. Die Instrumente dazu sind dazu bereits vorhanden. So besteht in Deutschland etwa die Möglichkeit, Auslandsexportgeschäfte von staatlicher Seite abzusichern, sofern an diesen ein besonderes staatliches Interesse besteht.

Über weitere Instrumente, um langfristige Investitionen in Griechenland attraktiver zu machen, lohnte es sich nachzudenken. Denn – und das ist die entscheidende Rechtfertigung für ein solches Vorgehen: An einem wirtschaftlich starken Griechenland und einer insgesamt wirtschaftlich starken Eurozone hat Deutschland ein ureigenes Interesse.

Der Praxistest: Island

Aber funktioniert dieser geänderte Mix aus sozial verträglichen Reformen und Investitionen auch in der Praxis? Kann auf diesem Weg die wirtschaftliche Genesung Griechenlands gelingen? In der Tat: Empirische Belege unter den Bedingungen der bestehenden Währungsunion fehlen zwangsläufig. Aber immerhin: Die Erfolge keynesianischer Nachfragepolitik sind ebenso belegbar, wie die Zweckmäßigkeit der Besteuerung der Vermögenden. Und dann wäre da doch noch ein Land, dessen ökonomische Entwicklung für die hier präsentierten Ideen ins Feld geführt werden kann: Island. Diese kleine Insel mit gerade einmal gut 300.000 Einwohnern bildet nämlich die Kulisse für den vielleicht spektakulärsten wirtschaftlichen Ab- aber auch wieder Aufstieg der letzten Jahre.

Alles begann um die Jahrtausendwende, als sich Island (tatsächlich war es praktisch die ganze Insel) plötzlich dazu entschloss, sich von der Fischerei abzuwenden und stattdessen auf Investment-Banking zu setzen. Die Gründe dafür sind im Nachhinein nur schwer nachzuvollziehen,[86] der anschließende wirtschaftliche Aufstieg war indes in der Tat ebenso kurz wie heftig und schien diese Entscheidung mehr als zu rechtfertigen: Noch 2003 lagen die von den isländischen Banken gehaltenen Wertpapiere bei einem Volumen von ein paar Milliarden Dollar – immerhin rund 100% der damaligen isländischen Wirtschaftsleistung. Bis 2007 hatte sich dieser Wert fast verzehnfacht. Im gleichen Zeitraum mehr als verdoppelte sich der Wert des isländischen Immobilienmarkts und die an der isländischen Börse gehandelten Firmenaktien steigerten ihren Wert gar um das Siebenfache. Das durchschnittliche Einkommen der Isländer verdreifachte sich bis 2007 auf rund 70.000 Dollar[87] – auf der anderen Seite war Island allerdings schon 2005 das am höchsten privat verschuldete Land der Welt. „Island", so drückte es ein Mitarbeiter des Internationalen Währungsfonds aus, „war nicht länger ein Land, sondern ein Hedgefond."[88]

Der Absturz kam mit der Finanzkrise, als das Investmentbanking praktisch weltweit zusammenbrach und war nicht minder heftig. Denn der „Hedgefond Island" wurde von dieser zwangsläufig stärker getroffen als alle anderen Länder. Nicht einmal Irland[89] geschweige denn die USA hatten einen auch nur annähernd so aufgeblähten Finanz- und Immobiliensektor: „Island wurde dadurch tatsächlich das einzige Land der Erde, auf das Amerikaner zeigen und sagen konnten, ‚Na wenigstens

---

[86] Siehe dazu auch *M. Lewis*, Boomerang, S. 1 ff.
[87] *M. Blyth*, Austerity. The History of a Dangerous Idea, S. 237.
[88] Vgl. *M. Lewis*, Boomerang, S. 1.
[89] Siehe insoweit auch *M. Blyth*, Austerity. The History of a Dangerous Idea, S. 237: „Iceland, in many ways, was Ireland on crack."

haben wir nicht *das* gemacht'".[90] Island war von einem auf den nächsten Tag bankrott, eine Rettung durch den Staat allein war angesichts der Summen, um die es ging, absolut unvorstellbar, die isländische Währung drohte ins Bodenlose zu fallen. Die Staatsverschuldung stieg im Jahr 2008 auf etwa 130% des BIP, das Haushaltsdefizit lag bei 13,5%. Und die Arbeitslosenquote schoss von einem auf 9% nach oben. So gewaltig waren die Verluste, dass Island schließlich nicht nur um finanzielle Hilfen von außen bat (die es vom IWF und der EU dann auch erhielt), sondern sogar einen Schritt ging, der das isländische Selbstbewusstsein hart treffen sollte: Es stellte einen Beitrittsantrag bei die Europäischen Union.

Und heute? Wie steht Island heute da. Vielleicht das wichtigste zuerst: Den Beitrittsantrag hat die aktuelle Regierung bereits zurückgenommen. Nicht mehr nötig. Wirtschaftlich steht das Land mittlerweile nämlich wieder ordentlich da. Seit 2011 ist das Wirtschaftswachstum positiv, lag 2013 gar bei 3,3% und 2014 bei 2,9%. Für 2015 liegt die Prognose erneut bei rund 3%. Offenkundig ganz andere Zahlen als in Griechenland oder einem der anderen Krisenstaaten. Die Arbeitslosenquote liegt deutlich unter 6% und damit noch sogar noch niedriger als in Deutschland. Und die Staatsverschuldung liegt aktuell bei nur noch rund 60% – Tendenz: Fallend. Wie aber ist das möglich, so wenige Jahre nach dem totalen Absturz?

Schaut man etwas genauer hin, ist insoweit vor allem eines auffällig: Die Krisenpolitik fiel hier in Island beinahe vollständig anders aus. Zunächst übernahm die griechische Regierung zwar die drei Großbanken, die die ganze Misere mehr oder weniger zu verantworten hatten, verzichtete aber auf deren Rettung. Lediglich isländische Spareinlagen bis zu einer Höhe von etwa 20.000 Euro wurden staatlich abgesichert. Im Ergebnis konnte dadurch der Anstieg der Staatsverschuldung zumindest begrenzt und ein gewisser finanzieller Spielraum gesichert werden. Die bereitgestellten finanziellen Mittel wurden sodann

---

[90] M. *Lewis*, Boomerang, S. 3.

im ersten Jahr der Krise für expansive Nachfragepolitik genutzt, die ab dem zweiten Jahr von einer moderaten (und nicht radikalen!) finanziellen Konsolidierung abgelöst wurde, die aber einerseits durch Steuererhöhungen – vornehmlich für die wohlhabenden Isländer – flankiert und durch spezielle Programme für die ärmeren Schichten sozial abgefedert wurden.[91] Alles in allem offenkundig ein äußerst wirksamer Maßnahmenmix.

Natürlich kann man Island und Griechenland schon aufgrund der Größenunterschiede nur schwer vergleichen. Und Island profitierte zweifellos auch durch die massive Abwertung der isländischen Krone. Dennoch: Angesichts der katastrophalen Auswirkungen der bisherigen Rettungspolitik könnte man es in Griechenland doch zumindest einmal mit ein bisschen mehr Island probieren, oder?

---

[91] Siehe auch *M. Blyth*, Austerity. The History of a Dangerous Idea, S. 239.

8. Die Zukunft: Langfristig erforderliche Schritte

Mit einem solchermaßen modifizierten finanziellen Hilfsprogramm sollte es gelingen, Griechenland wieder den notwendigen wirtschaftlichen Aufschwung zu ermöglichen, den es braucht, um zunächst einmal wieder auf eigenen Füßen zu stehen. Ein Schuldenschnitt wird eventuell gleichwohl nötig sein, absolut zwingend ist das aber nicht. Hier sollte man abwarten. Für eine dauerhaft stabile Währungsunion reicht das freilich noch nicht. Denn das Problem der übermäßigen Staatsverschuldung – und zwar praktisch in allen Staaten der Eurozone, einschließlich Deutschlands – wird dadurch noch nicht gelöst. Und zum anderen stellt sich die Frage, wie ein erneutes Auseinanderdriften der wirtschaftlichen Entwicklungen in den einzelnen Mitgliedstaaten zukünftig wirksam verhindert werden kann. Es wäre also mehr als fatal, wenn eine gelungene Griechenlandrettung dazu führen würde, dass diese langfristigen Probleme aus dem Blick geraten würden. Auch an dieser Stelle sollen für beide Fragen daher denkbare Lösungsansätze zumindest kurz skizziert werden.

Zunächst also erneut zur Staatsverschuldung. Nicht zuletzt aufgrund der Finanzkrise ist diese in der Eurozone mittlerweile weit vom Maastrichter Zielwert von 60% des BIP entfernt. Im Jahr 2014 lag die Verschuldung der gesamten Eurozone bei 94,5% und dürfte nach aktuellen Prognosen bis 2016 nur marginal sinken (auf etwa 93,8%). Das dürfte zwar an sich noch tragbar sein. Problematisch ist allerdings, dass bei einer solchen Schuldenquote praktisch keinerlei „Krisenpuffer" vorhanden ist. Sollte es also noch einmal zu einem wirtschaftlichen Schock kommen – einer Finanzkrise 2.0 – bestehen praktisch keinerlei Rettungskapazitäten für die einzelnen Mitgliedstaaten. Die Eurozone ist insoweit zwar nicht untätig geblieben: Insbesondere die nicht nur beschlossene, sondern in Teilen bereits realisierte Bankenunion wird hier für eine gewisse Entlastung sorgen. Die Bankenunion – bestehend aus einer gemeinsamen Bankenaufsicht, einem gemeinsamen Bankenabwicklungsfonds und einer gemeinsamen Einlagensicherung – bezweckt zwar in erster Linie eine Stabilisierung des europäischen Bankenmarktes. Sie hat also keinen unmittelbaren Bezug zu den Staatsschulden der Mitgliedstaaten. Indem jedoch das Risiko einer erneuten Finanzkrise dadurch erheblich reduziert wird, wird mit der Bankenunion einerseits das Risiko verringert, dass es zukünftig größere Bankenrettungen geben muss. Und andererseits ist im Rahmen der Bankenunion vorgesehen, dass solche Bankenrettungen zukünftig nicht zwingend unmittelbar durch die jeweiligen Mitgliedstaaten, sondern auch unmittelbar durch den Europäischen Stabilisierungsmechanismus (ESM) erfolgen können.[92] Bisher musste der jeweils betroffene Staat solche Bankenrettungen durch eigene Kredite finanzieren, die dann die Staatsverschuldungsquote nach oben trieben. Oder anders gewendet: Die privaten Bankschulden wurden zu öffentlichen Staatsschulden. Dieser „Teufelskreis" ist mit der ESM-Lösung zumindest partiell überwunden, indem nicht mehr der betroffene Staat allein die Last seiner Banken trägt. Möglich wurde dies zwangsläufig nur, indem die Aufsicht über die Banken ebenfalls einem gemeinsamen Gremium der Europartner übertragen wurde (nämlich der EZB).

Darüber hinaus haben die Europartner mit dem Fiskalpakt auch eine Regelung vereinbart, die die Aufnahme neuer Staatsschulden ganz grundsätzlich erschwert.[93] Es handelt sich gewissermaßen um eine Verschärfung des bisherigen Stabilitäts- und Wachstumspakts, der sich angesichts einer gewissen Unflexibilität ökonomisch meines Erachtens als nicht sonderlich effektiv erweisen wird.

Aber losgelöst von dieser (zugegeben umstrittenen) Frage: Was bisher ganz generell fehlt, ist ein Instrument mit dem der

---

[92] Siehe dazu zuletzt *C. Calliess/C. Schoenfleisch*, Die Bankenunion, der ESM und die Rekapitalisierung von Banken, Juristenzeitung 2015, 113 ff.
[93] Zum Fiskalpakt siehe *F. Schorkopf*, Die politische Verfasstheit Europas im Lichte des Fiskalvertrages, Zeitschrift für Europarechtliche Studien, 2012, 1 ff. sowie *A. Thiele*, The German Way for Curbing Public Debt, European Constitutional Law Review 2015, i.E.

bestehende gigantische Schuldenberg wirksam und vor allem in einem überschaubaren Zeitraum abgetragen werden kann. Ein in den Medien und auch der (europäischen) Politik auf großes Interesse gestoßener Vorschlag in diesem Sinne ist der Schuldentilgungspakt, den der Sachverständigenrat der Bundesregierung in seinen Jahresgutachten 2011/2012 vorgestellt hat.[94] Danach würden die Mitgliedstaaten der Eurozone die Möglichkeit erhalten, den Teil ihrer Verschuldung, der über die 60%-Marke hinausgeht über einen Fonds zu finanzieren, für den eine gemeinschaftliche Haftung aller Europartner besteht. Angesichts dieser gemeinsamen Haftung dürften die Finanzierungskosten dadurch auch für die Krisenstaaten auf ein tragfähiges Maß sinken. Die deutschen Refinanzierungskosten dürften allerdings für diesen Teil der Staatsschuld leicht steigen. Im Gegenzug müssten sich die teilnehmenden Mitgliedstaaten allerdings dazu verpflichten, diesen Teil der Staatsschuld in einem Zeitraum von 25 Jahren vollständig abzubauen. Anschließend würde der gemeinsame Fonds wieder aufgelöst und jedes Land würde wieder selbst für seine gesamten Staatsschulden einstehen. Die gemeinsame Haftung wäre also – anders etwa als bei der Einführung von Eurobonds – nur eine Zwischenlösung, bis die Schulden aller Staaten wieder bei der 60%-Marke angelangt sind.

Politisch dürfte dieses Modell vor allem in Deutschland allerdings kaum zu realisieren sein. Eine Gemeinschaftshaftung, selbst eine zeitlich befristete, wird hier fast durchgehend abgelehnt. Und aus rechtswissenschaftlicher Sicht wäre zu beachten, dass eine solche Regelung zwingend eine Änderung der Unionsverträge voraussetzte. Denn wie oben dargelegt, untersagt der Art. 125 AEUV jedenfalls die gemeinsame Haftung für bereits bestehende Schulden eines anderen Mitgliedstaats. Genau eine solche Haftung würde aber mit dem vorgeschlagenen

---

[94] *Sachverständigenrat zur Begutachtung der gesamtwirtschaftlichen Entwicklung*, Verantwortung für Europa übernehmen, Jahresgutachten 2011/2012, 2011. Siehe dazu auch den Überblick bei *P. Bofinger*, Zurück zur D-Mark, S. 125 ff.

Fonds eingeführt. Es bedürfte also der Ratifikation in allen Mitgliedstaaten – und das dürfte einige Zeit dauern.

Gibt es also möglicherweise noch andere Optionen zur zügigen Verringerung bestehender Staatsschulden, die zumindest rechtlich weniger Probleme bereiten? Prinzipiell gibt es eigentlich nur drei Wege, um Staatsschulden abzubauen: Erstens: Eine (drastische) Reduktion der Staatsaufgaben, also Sparen, Sparen, Sparen. Effektiv ist das allerdings nur dann, wenn man zugleich nicht die Wirtschaft abwürgt, da die relativ zum BIP bestimmte Staatsschuld dann ja sogar noch steigt. Das aber ist, wie ja gerade Griechenland und die anderen Krisenstaaten zeigen, außerordentlich schwer. Damit soll nicht behauptet werden, dass man die Staatsaufgaben nicht reduzieren könnte. Das muss aber auf überaus maßvolle Art und Weise geschehen und wird als alleinige Maßnahme daher kaum ausreichen.

Zweitens: Inflation. Dieser Weg ist aus staatlicher Perspektive besonders angenehm. Inflation bedeutet ja nichts anderes als eine Verringerung des Geldwertes. Eine Schuld von einer Million Euro sinkt – abhängig von der Inflationsrate – also in ihrem Wert kontinuierlich, ohne dass man auch nur einen einzigen Cent zurückzahlen müsste. Wunderbar. Und die Geschichte kennt auch zahlreiche Beispiele, in denen Staaten das Instrument der Inflation zumindest auch genutzt haben, um ihre Staatsfinanzen in Ordnung zu bringen. Genau das war letztlich auch einer der Gründe, die Zentralbank in die Unabhängigkeit zu entlassen. Die Druckerpresse sollte eben nicht mehr für (politische) Staatsfinanzierungszwecke missbraucht werden können. Und damit ist im Ergebnis auch diese Lösung ausgeschlossen. Denn auch in der Eurozone ist die Druckerpresse in die Hände der unabhängigen EZB gelegt worden, deren vorrangiges Ziel die Wahrung der Preisstabilität ist. Es ist ihr damit untersagt, die Inflation als Mittel der Verschuldungsbereinigung einzusetzen. Rechtlich zulässig wäre es allein, wenn die EZB ihre Definition von Preisstabilität von aktuell 2% auf 3% erhöhen sollte. Bei mehr als 3% wäre ihr Beurteilungsspielraum dann aber wohl ausgereizt. Es wäre mit ihrem Mandat also wohl unvereinbar, wenn sie ein Inflationsziel von mehr als 3% anstreben wollte.

Damit bleibt als letzter Weg nur noch drittens: Erhöhung der Einnahmen und damit Steuererhöhungen. Dieser Weg wurde von mir ja bereits für Griechenland vorgeschlagen, um die Einnahmen zu erhöhen und für die anderen Staaten der Eurozone gilt letztlich nichts anderes.[95] Nicht nur in Griechenland, sondern auch in Deutschland und den anderen Eurostaaten hat die finanzielle Ungleichheit innerhalb der Gesellschaft in den letzten Jahrzehnten nämlich erheblich zugenommen – für Deutschland hat *Hans-Ulrich Wehler* diese Zustände zuletzt deutlich kritisiert und dabei zugleich als politisches Ziel die „Abmilderung einer krass ausgeprägten Hierarchie" angemahnt.[96] Tatsächlich dürfte sich die Vermögensverteilung in Deutschland dabei sogar noch „ungleicher" darstellen, als von *Wehler* angenommen, wie eine aktuelle vom Deutschen Institut für Wirtschaftsforschung (DIW) vorgelegte Studie aufzeigt.[97] Innerhalb der Eurozone ist Deutschland danach sogar „Spitzenreiter" im Hinblick auf die Vermögensungleichheit. Und nach einer weiteren Studie derselben Autoren ist auch der Anteil der Top-Vermögen am Gesamtvermögen Deutschlands sehr viel höher als bisher vermutet:[98] Die reichsten 0,1% haben danach einen Anteil am Gesamtvermögen von bis zu 17%. Mehr als 30% am Gesamtvermögen beträgt der Anteil des reichsten Prozents der deutschen Gesellschaft. Andererseits nimmt der Anteil der Armen auch in Deutschland stetig zu und liegt nach einer aktuellen Studie des Paritätischen Wohlfahrtsverbands gegenwärtig bei

---

[95] Ähnlich auch dien Schlussfolgerung von *M. Blyth*, Austerity. The History of a Dangerous Idea, S. 229 ff („a taxing time ahead").
[96] *H.-U. Wehler*, Die neue Umverteilung, S. 169.
[97] *M. Grabka/C. Westermeier*, Anhaltend hohe Vermögensungleichheit in Deutschland, 2014.
[98] *M. Grabka/C. Westermeier*, Große statistische Unsicherheit beim Anteil der Top-Vermögenden in Deutschland, 2015.

beschämenden 15,5%.[99] Das sind rund 12,5 Millionen Menschen.[100] Tendenz: Steigend! Der von *Thomas Piketty* gelieferte Erklärungsansatz für diese in praktisch allen westlichen Staaten bestehende Ungleichheit ist zwar umstritten geblieben, dennoch dürfte der enorme Erfolg seines Werkes gezeigt haben, dass hier ein Nerv getroffen wurde.[101]

Viel wichtiger aber ist: Es ist damit mit Sicherheit ausreichend Vermögen vorhanden, um die Staatsschulden mit Hilfe einer progressiven Vermögensteuer zügig auf ein tragbares Maß zu reduzieren. Einer weiteren DIW-Studie zufolge würde etwa eine einmalige Vermögensteuer von 10% auf Vermögen, das 250.000 Euro überschreitet, zu zusätzlichen Staatseinnahmen in Höhe von bis zu 9% des BIP führen.[102] Setzte man die Grenze bei 500.000 Euro oder 1 Million Euro läge dieser Wert immer noch bei 6,8 bzw. 5,6%. Betroffen wären von einer solchen Steuer lediglich 8% der Bevölkerung, bei einem Grenzwert von 500.000 Euro sogar nur 2,3 und bei einer Million Euro lediglich 0,6%. Dabei geht es keineswegs darum, Reichenschelte zu betreiben. Aber eine Gesellschaft kann eben nur ein bestimmtes Maß an Ungleichheit ertragen. Und auch die Vermögenden sind an einem funktionierenden Staatswesen interessiert, verdanken nicht zuletzt diesem Staatswesen die Möglichkeit entsprechendes Vermögen überhaupt anzuhäufen und sollten daher auch einen angemessenen Beitrag zu dessen Erhalt bei„steuern" müssen – im wahrsten Sinne des Wortes. Die Frage der Vermögendenbesteuerung ist zweifellos eine gesellschaftliche Grundfrage. Wie wir sie beantworten ist dabei keineswegs vorgegeben. Aber wir sollten sie angesichts der beste-

---

[99] *Deutscher Paritätischer Wohlfahrtsverband Gesamtverband*, Die zerklüftete Republik. Bericht zur regionalen Armutsentwicklung in Deutschland 2014, 2015.
[100] Dabei ist allerdings auch diese Armut innerhalb Deutschlands überaus ungleich verteilt. Besonders betroffen sind neben Bremen und Mecklenburg-Vorpommern auch Sachsen-Anhalt und Berlin. Insgesamt ergibt sich ein deutliches Nord-Süd-Gefälle. Am wenigsten Armut findet sich in Bayern mit einer Quote von 11,3%.
[101] T. *Piketty*, Das Kapital im 21. Jahrhundert, 2014.
[102] S. *Bach*/G. *Wagner*, Capital levies for debt redemption, 2012.

henden Probleme zumindest stellen und uns um eine ideologiefreie Debatte bemühen.

Das zweite Problem betrifft die wirtschafts- und fiskalpolitische Zusammenarbeit der Mitgliedstaaten der Eurozone. Die bisherigen Erfahrungen innerhalb der Eurozone haben gezeigt, dass die alleinige Zuständigkeit der Mitgliedstaaten für diesen Politikbereich massive Schwierigkeiten mit sich bringt. Und es ist nicht ersichtlich, dass sich dies zukünftig ändern wird. Der gemeinsame Währungsraum muss also auch politisch ein gemeinsamer Raum werden. Rechtliche Grenzziehungen im Fiskalbereich wie der Fiskalpakt sind ein Anfang, reichen aber nicht aus, wenn es darum geht, den wirtschaftspolitischen Anforderungen einer Währungsunion gerecht zu werden. Gleiches gilt für die neuen Bestimmungen, die es der Kommission erlauben gegen allzu starke Leistungsbilanzungleichgewichte in den Mitgliedstaaten der Eurozone vorzugehen. Auch dieser Schritt ist also zu begrüßen, weil er versucht, bestehende strukturelle Defizite der bisherigen Ausgestaltung, die sich für entsprechende Ungleichgewichte praktisch nicht interessierte, zu beseitigen.

Was aber fehlt sind Instrumente, die schon zuvor auf eine gemeinsame aktive Gestaltung der europäischen Wirtschaftspolitik ausgerichtet sind, damit staatliche Defizite und Leistungsbilanzungleichgewichte gar nicht erst entstehen. Mit anderen Worten: Auch die politische Gestaltung dieses Währungsgebiets muss gemeinsam, zumindest aber sehr viel „gemeinsamer" erfolgen, als das bisher der Fall ist. In den kommenden Jahren muss es also darum gehen herauszufinden, wie eine solche europäische Wirtschaftsregierung aussehen könnte, die einerseits eine ausreichende Einigkeit in Wirtschaftsfragen begründet, aber gleichzeitig die politische aber auch kulturelle Vielfalt der Mitgliedstaaten nicht zerstört. Sicherlich keine leichte Aufgabe. Aber eine Aufgabe, die sich lohnt.

9. Ausblick: Europa im Herzen?

Befindet sich die Europäische Integration in einer Krise? Vielleicht sogar der schwersten Krise ihrer Geschichte? Bücher mit entsprechenden Thesen finden sich aktuell viele. Zuletzt hat *Joschka Fischer*, der ehemalige deutsche Außenminister, ein entsprechendes Werk vorgelegt.[103] Die Eurokrise wäre dann vielleicht nur das Symptom einer noch sehr viel umfassenderen Integrationskrise. Zugegeben: Man wird kaum sagen können, dass bei der EU gerade alles so glatt läuft, wie man sich dies als Anhänger der Integrationsidee vielleicht wünschen würde. Und die Europäische Union genießt in der Bevölkerung sicher nicht den allerbesten Ruf. Dennoch: Stimmt eigentlich dieser pauschale Krisenbefund, von dem man in letzter Zeit so viel liest? Hat sich vielleicht sogar die Idee der EU an sich überholt?

Ich denke nicht. Natürlich weist die Europäische Union an vielen Stellen Defizite auf, die es zu beheben gilt. Allerdings wird man dies gleich wieder relativieren müssen: Viele der Vorwürfe, die gerade der EU gemacht werden, erweisen sich bei näherer Betrachtung als verfehlt oder zumindest nicht EU-spezifisch. Die EU ist tatsächlich sehr viel besser als ihr Ruf und weder pauschal überkomplex, noch überdimensioniert oder überregulierend. Der Hinweis auf die „offenkundigen Rechtsbrüche" wurde bereits oben als unzutreffend dargelegt. Und darüber hinaus: Sogar in der Finanz- und Eurokrise hat es bedeutende Integrationsschritte wie die Bankenunion aber auch die Etablierung von Spitzenkandidaten für den Posten des Kommissionspräsidenten gegeben, die man nicht einfach vergessen sollte.

Richtig ist allerdings, dass die Integration mit dem Abschluss des Binnenmarktprojekts mittlerweile eine bemerkenswerte Dichte erreicht hat. Neue Integrationsschritte betreffen dadurch zwangsläufig Bereiche, die bisher ganz selbstverständlich dem Nationalstaat vorbehalten waren. Damit geht

---

[103] *J. Fischer*, Scheitert Europa?, 2014.

zugleich ein Stück Sicherheit verloren, die der Nationalstaat bisher (scheinbar) bieten konnte. Aber wird er dazu auch zukünftig in der Lage sein? Hat der kleine europäische Nationalstaat in der globalisierten Welt eine Zukunft? Oder wird man sich auch für den Erhalt der eigenen Wertvorstellungen notwendig zu größeren Verbänden zusammenschließen müssen, um die erforderliche weltpolitische Durchschlagskraft zu entwickeln? Und dann ist da noch die Friedensidee, die – die Vorgänge in der Ukraine belegen dies eindrucksvoll – keineswegs zu den Akten gelegt werden kann. Die Integration befindet sich aktuell damit gewissermaßen am Scheideweg und wir alle sollten uns Gedanken darüber machen, wie wir in Zukunft zusammen leben wollen. Eine Antwort ist dabei aus meiner Sicht keineswegs vorgegeben. Auch ich plädiere also nicht für eine Integration um jeden Preis. Weitere Schritte bedürfen einer Rechtfertigung, die über die bloße „Integration an sich" hinausgeht. Und in einigen Bereichen lohnt es sich durchaus über die Rückübertragung von Kompetenzen auf die nationale Ebene nachzudenken.

Nur: Diese Diskussion braucht Zeit und einfache und vor allem schnelle Lösungen wird es in der globalisierten Welt, in der wir leben, letztlich nicht geben können. Das Meiste, was um uns herum geschieht, ist jedenfalls sehr viel komplexer, als dass es in eine einfache Bild-Schlagzeile gepresst werden könnte. Und genau das wird mir in der aktuellen Debatte nicht hinreichend beachtet. Viel zu schnell wird das Heil in der einfachen und bekannten Lösung „Nationalstaat" gesucht, der doch bisher auch so gut funktioniert hat. Und das ist vielleicht die bitterste Erkenntnis der gesamten Krise: Wie schnell nationale Ressentiments wiederbelebt werden konnten, die zumindest ich schon lange überwunden glaubte. Auch eine Lösung der Eurokrise wird man insofern nur erzielen können, wenn man sich zuvor über einige grundlegende Fragen einig ist: Gehören wir zusammen oder muss im Ernstfall jeder allein zu Recht kommen? Versuchen wir die Probleme der Krisenstaaten gemeinsam anzugehen, oder überlassen wir nicht zuletzt die

Griechen jetzt ihrem Schicksal? Wollen wir also wieder ein Europa der Nationalstaaten, wie vor dem Zweiten Weltkrieg? Oder wollen wir ein Europa der Solidarität und Gemeinsamkeit, das zwar notwendig mit ökonomischen Verpflichtungen aller Mitgliedstaaten einhergeht, aber eben nicht alles am Maßstab der Ökonomie misst? Für mich ist die Antwort auf diese Fragen klar.

Und für Sie?

Printed in Germany
by Amazon Distribution
GmbH, Leipzig